JN438262

순백의 향기

시와문화 에세이 01

순백의 향기

박영자 수필집

시와문화

■책머리에

첫 시집 『아름다운 인연』을 겁 없이 출판하고 많이 망설이다 5년 만에 첫 수필집을 엮습니다. 시에서는 은유로 속내를 감추기도 하고 은근슬쩍 베일을 치면서 내 감정에 사물을 이입시킬 수가 있었는데, 수필을 쓰다 보니 마음속 깊은 곳에 있는 사연들을 사심 없이 끌어내어 남 앞에 드러내야 하는 부담이 있었습니다. 겨울 나목처럼 초라한 내 삶의 흔적들, 너무 부끄러워 감추고 싶은 치부가 적나라하게 드러난 것 같아 보류하고 싶었지만 은사님의 격려에 힘입어 있는 그대로 선보이게 되었습니다.

설익은 풋감처럼 텁텁한 글이지만 거짓이 없는 진실은 부끄러울 것이 없다고 자위하면서 조촐한 수필집을 엮습니다.

출간에 즈음하여 제 나름대로 이렇게 제목을 붙여 엮었습니다.

1부 향수에 젖어

2부 세월은 강물처럼

3부 순백의 향기

4부 가족이란 이름으로

5부 꿈을 심어 놓고

6부 해외여행

7부 귀천

남편과 함께 엮은 25년 동안의 길지 않은 생애를 회상하면서 이렇게 많은 사건들이 있었나 싶어 제 자신도 놀랐습니다. 그러나 아직도 못다 한 애틋한 사연들이 강물처럼 흐르고 흘러 내 생의 마지막까지 풍부하게 해줄 것 같습니다.

산수(傘壽)의 연세인데도 장문의 발문을 써 주시고 졸작에 후한 호평(好評)까지 해주신 문학의 은사 고 문병란 교수님께 감사를 드리며, 옆에서 수필을 쓰도록 격려해 주신 이정심 교수님께 깊은 감사를 드립니다.

나의 노년이 외롭지 않도록 울타리가 되어준 사랑하는 가족들에게 고맙다는 말을 전합니다.

2015년 가을날에

아정(雅靖) 박영자

|차　례|

제3부 순백의 향기

제4부 가족의 이름으로

제5부 꿈을 심어 놓고

제6부 해외여헹

제7부 귀천

제1부

향수에 젖어

어머니의 삶

4년마다 돌아오는 윤년이 금년에는 오월에 들었다. 윤달에 이장을 하고 수의를 만들어야 좋다는 우리나라 풍습 때문에 서둘러 수의를 만드는 사람이 많다. 나는 오랜만에 시내에 나온 김에 충장로에서 오십 년 이상 한복집을 하고 있는 고종언니 집에 들렀다. 눈에는 돋보기를 쓰고 허리는 굽었지만 재봉틀에 바늘을 꿰어 바느질하는 솜씨는 숙련공답게 노련하다. 윈도우에는 화려한 한복이 걸려 있고 상점 마루에는 주문 맡은 수의를 만드느라고 어지럽다. 이 세상 마지막 떠날 때 화려하지도 않은 삼베옷 한 벌 입고 갈 텐데 구름처럼 많은 걱정 근심 떠날 날이 없으니 인간은 태어날 때부터 그런 운명으로 지어졌나 보다. 고종언니가 수의 만드는 것을 보니 불현듯 십년 전에 돌아가신 어머니가 그립다.

열다섯 어린 나이에 황룡강이 흐르는 장성읍에서 영암에서도 가장 오지인 시종면으로 시집와 고희를 바라보는 연세까지 그곳에서 보냈으니 반 백 년이 넘도록 고향을 지킨 셈이다. 최 진사 댁 막내딸로 태어나 성품이 곧고 손끝이 얌전한 어머니는 어려서부터 학문을 익혀 학식과 덕망을 두루 갖춘 양반집 규수로 자랐다. 문장력이 뛰어난 어머니는 시집 와서도 동네 분들의 편지를 대필해주고, 길쌈하다 피곤해 하면 장화홍련전, 흥부전, 콩쥐팥쥐전 같은 전래동화를 들려주면 마을 여인들은 그 이야기에 심취하여 울고 웃었다고 한다.

어머니는 힘든 농사일은 못하시기 때문에 바느질로 품앗이를 해서 농사를 지었다. 바쁜 농사철 모내기 때는 삼십 명이 넘는 인부를 부리면서 남보다 후한 품삯에 맛있는 먹거리를 준비해 모 밥을 내 가면 반쉼이 보리밥이지만 인부들은 게눈 감추듯 맛있게 먹었다.

마을 앞에는 평야가 열려 농사를 짓고 집에서 오백 미터쯤 가면 검푸른 바다가 있어 이른 아침 선창가에 고기배가 들어오는 날이면 팔닥팔닥 살아있는 생선을 머리에 이고 온 상고들은 맨 먼저 우리 집을 찾는다. 우리 집에서 마수를 해야 그날 재수가 좋다는 것이다. 어머니는 생선 값을 식량으로 치르면서 덤으로 반 됫박쯤 더 주고 식사를 하고 가도록 한다. 객지에서 유기그릇 장사나 비단 장사가 오면 으레 우리 집 부엌방에서 자고 간다.

집에 오시는 손님을 그냥 보내지 않는 어머니의 평소의 생활이 자녀들에게도 많은 영향을 끼쳤다.

아버지는 면사무소에 출입하셨기 때문에 우리 집 사랑방은 아버지 친구분들이 자주 오셨고 어머니는 그분들 접대로 늘 분주했다. 돌이켜보면 몸은 고달팠을지라도 그때가 이웃 간의 인정도 두터웠고 사람 사는 재미도 있었던 것 같다.

내가 대학 입학했을 때 아버지는 돌아가셨고 남동생은 고등학생, 여동생은 중학생이었다. 시골 살림에 여자 혼자서 세 자녀를 도시로 유학 보낸다는 것은 쉽지 않았으리라. 그런데도 우리 어머니는 내색도 하지 않은 채 남자도 하기 어려운 정미소를 운영하면서 여장부답게 우리를 졸업시키고 출가시켰다.

크나큰 시골집에 혼자 남아 지난 세월을 돌이켜보며 먼 곳 개 짖는 소리에도 너무 외로웠으리라는 것을, 내가 그때의 어머니 나이가 되어서야 조금 깨닫게 되니 너무 늦은 감이 든다.

딸 다섯에 아들 둘까지 출가시키고 혼자서 고향을 지키시던 어머니는 자식들의 성화에 못 이겨 정든 고향을 떠나 광주로 이사 오셨다.

어머니는 심장판막이란 진단을 받았지만 기력이 쇠약하여 수술을 받을 수 없었다. 점점 광주 생활에 적응하면서 주위 노인들과도 친구로 사귀게 되었고 가까운 재래시장에서 야채나 생선을 사와 음식을 만들어 자식들과 식사하는 것이 어머니의 낙(樂)이었다. 우리가 밥을 맛있게 먹으면 물끄러미 바라보면서 혼잣말로 “마른 논에 물 들어가는 것, 자식 입에 밥 들어가는 것” 하시며 흐뭇해 웃으신다. 자식들이 다 돌아가면 혼자서 잠 못 이루는 밤을 자식들을 위해 기도하시고 어머니를 위해서는 “예수님 보대끼지 않고 가족들 고생시키지 않도록 따뜻한 봄날에 잠든 듯이 데려가소서” 이렇게 기도하셨단다.

노년을 추하지 않게 죽음을 준비하면서 장롱에 있는 옷가지를 철 따라 몇 벌만 남기고 정결하게 정리해 가셨다. 그리고는 금반지 목걸이 비녀 같은 귀금속은 선물한 자녀들에게 되돌려 주는 공평함도 잊지 않았다. 남편이 나도 모르게 해드린 명주 이불과 요는 한 번도 덮지 않은 채 나에게 돌려주셨다. 자식들에게 엄격하면서도 한편 인자하셨던 어머니는 열 손가락 깨물어 보면 아프지 않은 손가락이 어디 있느냐며 공평한 자식 사랑을 강조하기도 했다.

어느 날 가슴에 통증을 느끼며 숨이 차오른 어머니는 집에서 가까운 보훈병원에 입원했다. 이틀째 되던 수요일에 어머니와 나눈 마지막 대화의 기억이 지금도 생생하다.

“어머니 교회에 다녀올게요.”

“오늘 안 가면 안 되니?”

“한 시간이면 돌아와요.”

“조심해서 다녀오너라.”

입원한 지 이틀 만에 평소 기도하신 대로 따뜻한 봄날 잠든 듯이 그렇게 86세 질고의 끈을 놓고 주님 품에 가셨지만, 임종을 지켜드리지 못하고 그렇게 보낸 그날을 후회해도 만시지탄(晩時之嘆)이다.

이 땅에 계실 때 남에게 신세지지 않고 호리라도 남김없이 다 갚고 깨끗하게 떠나신 어머니의 삶이 자녀들에게 귀감이 된다.

어머니는 어느 해 윤달에 누런 마포 베로 당신의 수의를 손수 만들어 장롱 맨 밑에 넣어두면서 무슨 생각을 하셨을까? 언제든지 주님이 부르시면 훌훌 떠날 길을 예비하고 계셨을까?

임종 후 장롱 속에 있는 수의를 꺼냈다. 하얀 봉투가 방바닥에 뚝 떨어진다. 유서려니 싶었는데 거기에는 많은 금액은 아니지만 빳빳한 지폐가 들어 있었고 수의를 입히는 분들에게 전해주라는 쪽지도 있었다. 장의사들까지 숙연하게 한 어머니의 깊은 마음 씀씀이에 가족들은 많이 울었다.

마지막까지 남을 배려하고 가신 어머니의 삶을 생각하면 가슴 아프지만 어머니의 유지를 받은 자녀들 올곧게 살아가고 있으니 자녀들에게 남긴 어머니의 가풍(家風)은 아름답다.

고향 향기

유년 시절의 고향을 생각하면 한가한 봄날 따뜻한 봄볕이 뜨락에 내려 양지 녘에 병아리 떼 자울거리고 촉촉한 마당엔 새싹이 돋느라 김이 무럭무럭 피어오르는 우리 집이 생각난다.

부모님과 형제자매들 모여 살던 넓은 마당과 초가지붕 아담한 정원에는 박태기나무 꽃이 홍자색으로 피어 이웃집 담장 너머까지 꽃 향기를 날린다. 장독대에 화려하게 핀 봉숭아꽃으로 우리들 손톱에는 여름 내내 빨강물이 번져 있었다.

집 텃밭에는 갖가지 채소를 심어 어머니는 거기에서 자란 오이, 가지, 호박을 따서 반찬을 준비한다. 어렸을 때 내가 가장 싫어하는 것은 쑥갓의 강한 냄새였는데, 쑥갓이 쇠여 노오란 꽃이 만발하면 벌 나비는 어디서 그렇게 찾아드는지 연보랏빛 무 장다리에도 윙윙거리는 벌 소리는 지금도 귓가에 쟁쟁하다. 그저 생각만 해도 포근한 고향 정경이 어머니의 품속처럼 따뜻하다.

겨울이면 곡식 벼늘로 가득 차 있는 마당에 하얀 눈이 내리고 먹이를 찾는 참새 떼들은 짚벼늘 위로 날아와 시린 발자국을 남겼다. 이른 새벽 사랑방 가마솥에는 쇠죽 쓰는 냄새로 외양간에 매여 있는 송아지의 미각을 자극하는 사이, 눈 덮인 초가지붕 굴뚝에선 하얀 연기가 나선형을 그리며 하늘로 올라간다.

가물가물 잊혀져가는 그림 같은 추억, 아름다운 고향집은 항상 나에게 꿈의 보루로 남아 있다.

경인년 설 다음날 언니와 제주에서 의사로 있는 조카와 함께 부모님 산소에 성묘를 하고 고향집을 찾아갔다.

내가 6년 동안 다녔던 시종초등학교를 먼발치로 스치며 서둘러 고향집을 찾았다. 걸어서 십리 길이라 그때에는 멀기만 했던 거리가 도로가 정비된 지금은 몇 분이 걸리지 않았다. 상촌 중촌 하촌으로 구분된 마을 중에 우리 집은 상촌에 있었다. 좁은 골목이던 길은 넓혀 있었고 지붕은 초가지붕을 걷어내고 빨강 기와집으로 탈바꿈하여 어디가 어딘지 알 수가 없었다. 이집 저집 기웃거렸지만 명절 끝이라선지 아니면 날씨가 추워서인지 한 사람도 만나 볼 수가 없었다. 짐작으로 생각되는 대숲에 둘려 있는 우리 집을 찾았으나 들어가지 못하고 이방인처럼 허전함과 아쉬움만 남기고 마을 뒷동산에 올랐다. 집에서 500m쯤 떨어져 있었던 바다는 간척지가 되어 마한 문화공원으로 조성되었고, 대여섯 개의 봉분이 있는 커다란 옹관묘는 전라남도에서 문화재로 관리하고 있었다. 잃어버린 고향의 문턱에서 어린 시절의 고향을 생각하니 마음은 텅 빈 대통처럼 찬바람만 송송 불어온다.

> 내 놀던 옛 동산에 오늘와 다시 서니
> 산천의구란 말 옛 시인의 허사로고
> 예 섯던 그 큰 소나무 버혀지고 없구려.

어느 시인의 노래처럼 산천은 변하여 상전벽해가 되고 고향이란 따뜻한 향기도 사라졌지만 지금도 눈 감으면 내 추억과 함께 생생하다. 푸른 물결이 일렁이는 바다와 갈매기 수면 위를 차고 나는 유유함이며, 만선에 깃발을 꽂고 입항하는 고깃배의 뱃고동 소리가 바람을 타고 아련히 들리는 듯하다.

들과 포구가 어우러진 고향

나는 전남 영암군 시종면 옥야리 상촌이라는 마을에서 유년기를 보냈다. 마을은 둑을 경계로 하여 갈대숲이 있는 갯벌 바다와 넓은 평야를 갈라놓고 마을 뒤쪽엔 야산이 있어 아늑하고 사철이 아름다운 곳이다.

지금은 많이 달라졌지만 삼십 년 전만 해도 하루에 버스가 한 대밖에 다니지 않아 광주에서 저녁 8시에 들어갔다가 새벽 6시에 나가는, 교통이 아주 불편한 우렁 창자 같은 마을이다. 마을 이름처럼 기름진 들판과 포구가 보이는 남해포라는 바다는 가뭄에 단비가 내리듯 항상 내 마음을 촉촉이 적셔주었다.

나는 집에서 십리가 넘는 면 소재지에 있는 시종초등학고를 비 오는 날, 눈 오는 날, 방학을 제하면 6년 중 삼분의 이 정도의 학교생활을 마치고 졸업했다. 우리 반 60명 중에 유일하게 광주로 유학을 오게 되어 여중에 입학해서도 한동안 친구를 사귀지 못하고 외톨이로 지내야 했다. 쉬는 시간이면 운동장 한켠에 앉아 돌멩이를 주워 영암군 시종면 옥야리를 한자로 셀 수 없이 썼다가 지우면서 젖 덜 떨어진 아이처럼 늘 마음은 고향으로 치달았다.

방학이 되어 집에 내려오면 뒷동산에 올라 확 트인 바다 위에 한가롭게 떠 있는 고깃배를 바라보거나 바위 그늘에 앉아 뭉개구름이 흐르는 하늘을 바라보며 학교에서 배운 〈동심초〉나 〈보리밭〉 같은 가곡을 흥얼거리기도 했다. 어느 날엔 바다 둑을 걸으면서 갈대숲에 기어다니는 게나 고둥도 잡고 까만 짱뚱어의 파닥거림에 놀라기도 했던 감성이 예민한 사춘기를 홀로 삭이면서 보냈다.

우리 집은 농사도 지었지만 두세 척의 커다란 배를 가지고 어장을 했기 때문에 집안은 마을 사람들로 늘 북적거렸다. 날 잡아 출어라도 하는 날이면 음식을 차려놓고 고사를 지내며 풍어를 기원했다. 이때 여자들은 부정 탄다고 뱃전에 얼씬도 못하게 했다. 고깃배가 만선이 되어 하얀 깃발을 꽂고 양양하게 돌아오는 날이면 앞치마를 두르신 어머니의 발걸음은 분주하해졌다. 이런 날이면 우리 집에서는 싱싱한 생선회와 매운탕과 막걸리로 마을 큰 잔치가 열렸다.

숭어와 모치, 서대, 새우 등 갖가지 생선이 그물 가득이 살아서 펄떡거리던 그때의 광경은 지금도 기억 속에 생생하게 남아 있다. 많이 잡힌 해파리는 발과 몸통으로 분리하여 몸통은 소금과 백분으로 절여 커다란 독에 담아 저장하고 발은 동네사람들의 몫이었다. 싱싱한 생선은 종류대로 갈무리하여 소금으로 저장했다.

숭어 뱃속에 있는 팔뚝만한 어란은 간장에 알맞게 절였다가 그늘에 말리면서 자주 앞뒤로 참기름을 발라 모양을 잡아 준다. 이렇게 잘 말린 어란은 맛이 특출하여 옛날에는 임금님 수랏상에 올리는 진상품이라고 했다. 어머니는 창호지로 어란을 예쁘게 포장하여 귀하신 분들께 선물도 하고 도시에서 주문이 들어오면 팔아서 가용으로 쓰기도 하셨다. 볼품없는 어란은 우리들의 도시락 반찬과 아버지 친구들의 술안주 감으로 내놓았었다.

그때는 어려운 시절이었지만 우리 마을은 고기 잡는 집들이 많았고 또 땅도 비옥하여 맛있는 갯벌 쌀을 생산했다. 소나무가 많은 야산에서는 마을 사람들이 갈퀴로 땔감을 얼마든지 장만할 수 있었다. 시골치고는 대체로 인심도 좋고 먹거리가 풍부한 부촌에 속했던 것 같다.

우리집 뒤란에는 시누대가 빽빽이 자라 그것으로 울타리를 하고 바로 위에 있는 뒷동산과 경계로 대나무 담을 쳐 놓았다. 동산 주위에는 아주 오래된 목백일홍과 향나무며 상록수가 빙 둘러 심어져 있었고 중앙에는 커다란 무덤이 있었다. 그때는 그 무덤이 고분인 줄도 몰랐다. 어린 생각에도 여느 무덤과는 사뭇 다르다는 생각을 하면서 친구들과 술래잡기도 하고 공놀이도 하면서 마음껏 뛰어놀았던 기억이 생생하다.

그런데 수량이 모두 19기가 있는 고분군이 1987년에 문화재 자료 140호로 지정되었다니 신기하다. 내가 살았던 옥야리 상촌 마을 북편은 동서로 뻗어있는 구릉이 감싸고 있다. 남해포로 가는 구도로 양편에 28기가 분포되어 있는 이 고분군은 백제시대의 방대형 고분으로 판명이 나, 전라남도 기념물 제84호로 지정되었다.

지금 내 고향은 역사적 고분군으로 가치가 있고 이 마을이 널리 알려져 몰라보게 발전해 가고 있지만 어릴 적 고향을 사랑하고 가슴에 묻고 살았던 한 소녀의 소박한 꿈의 산실은 어디에서도 찾아볼 수가 없다.

시대의 흐름 따라 그 넓은 푸른 바다는 간척지로 변했고 내가 뛰어놀던 뒷동산은 고분군으로 지정되었지만 부모 형제까지 떠나버린 내 고향은 이국땅에 온 것처럼 낯설기만 했다. 그나마 마음속에 간직한 아름다운 고향 정경이 영상처럼 펼쳐지는 그런 고향이나마 있어 허전한 마음을 달랠 수 있으니 다행이다.

귀뚜라미 우는 밤

늦더위의 호기를 꺾으려는 듯 성큼 찾아온 가을은 시원한 바람을 몰고 와 대지의 기온을 떨어뜨린다. 이런 날이면 소슬한 바람은 누렇게 쌓아 놓은 낟가리를 스치고 나는 가을 탄 사람처럼 내 삶의 뒤안길을 돌아보게 된다. 가을의 전령사이듯 섬돌 밑에 귀뚜라미는 저 먼저 알고 찾아와 아름다웠던 젊은 날을 떠오르게 한다.

마당가에 서있는 대추나무에는 가지가 휘도록 붉은 대추가 열려 있고 보름달이 휘영청 창살에 비친 밤이면 귀뚜라미 우는 소리에 잠 못 이루고 누군가 보고 싶어서 눈가에는 이슬이 촉촉이 맺혀 있었다.

나는 책상머리에 앉아 밤새 긴긴 연문을 썼다 지우고 몇 번을 반복하다가 아침이 되면 괜한 넋두리에 얼굴을 붉히며 잉크가 번진 편지는 부치지도 못하고 휴지통 속에 뒹굴게 된다. 생각만 해도 내 젊은 날의 아름다운 가슴앓이가 지워지지 않은 채 소중한 추억의 한 페이지로 남아 있어 무지개를 보듯이 가슴이 뛴다.

요즘 사람들은 귀뚜라미 우는 소리에 가슴이 설레거나 관심을 갖는 사람은 별로 없는 것 같다. 기계 문명이 정신문화까지 빼앗아가 어린 아이들까지 컴퓨터 오락에 빠져 있고 청소년들은 정신없이 흔들어대는 대중가요에 심취되어 자연의 아름다운 소리에는 귀가 막혀 있는 듯하다. 더구나 탁한 공기로 인해 생태 환경이 좋지 못하기 때문에 도시의 풀벌레들은 목소리가 쇠어 잘 울지도 못한다. 정서는 메말라 우리들의 인정 또한 찬바람이

쌩쌩 부는 것 같다.

내 친구는 젊은 날 들었던 섬돌 밑 귀뚜라미 울음 소리가 그리워 텃밭에서 귀뚜라미를 잡아와 아파트 베란다에 있는 화분에 놓아 주었더니 가을밤을 처량하게 울어대더라는 것이었다. 그 소리에 친구는 아득한 세월에 갇힌 추억을 불러와 아름다운 감상에 젖은 밤이 되었다고 했다. 풀벌레 우는 소리와 창살에 문풍지 떠는 소리, 또는 참새들의 지저귀는 소리를 들으면서도 각자의 느낌이 다르다. 분위기와 환경의 변화로 우리의 심경은 맑아지기도 하고 우울해지기도 한다.

이 초가을에 찾아온 풀섶의 귀뚜라미는 나름대로 독특한 초성을 자랑한다. 하지만 초겨울 문턱을 넘지 못하고 목소리까지 쇠하여 가여운 유충으로 남아 다음 해를 기다리며 월동에 들어간다.

우리들은 너무 바삐 사느라 아름다운 자연에 눈길을 주지 못하고 무감각한 상태로 세월을 보내기 일쑤이다. 귀뚜라미 귀뚤귀뚤 밤새 울어도 가슴 적실 그리움이 말라버린 물질만능의 세상에 혼을 빼앗겨 살고 있으니 안타깝다.

나는 이 가을밤에 귀에 익은 풀벌레 소리에 옛 추억 두레박으로 퍼 올려 슬프고도 아름다운 시 한 수 쓸 수 있다면, 그리고 별빛 쏟아지는 대추나무 아래 앉아 슈베르트의 세레나데를 허밍하면서 사랑하는 사람에게 내 마음을 전해 줄 수 있다면, 자연이 주는 순수함으로 남아 있는 생을 늘 푸르게 살아갈 것 같다.

바람 부는 대로 발길 닿는 대로

벚꽃이 흐드러지게 핀 사월 초순, 진해 군항제가 열리는 날이다. 초등학교 동창들인 우리는 부산에 사는 M친구의 초대를 받아 정오에 부산역에서 만나기로 하고 서울에서 Y, 인천에서 J , 광주에서는 내가 몇 해 만에 만날 친구들을 생각하며 설레는 마음으로부산역에 도착했다.

졸업 후 반백년이 넘도록 소식 없이 지내다가 이런 모임을 갖게 되니 가슴까지 벅차올랐다. 추운 겨울 검정 솜바지 저고리, 보자기에 싼 책을 등에 사선으로 질끈 동여매고 등하굣길을 달음질쳐 다니던 코흘리개 친구들이다. 그 중에서도 M친구는 아버지가 시골 의사로 면의 유지였다. 거기에다 공부도 잘했고 생김새까지 귀공자 같아서 여학생들에게 인기가 매우 높았다. 내게는 그때 그 모습만이 사진처럼 남아 있어 얼마큼 달라졌을지 상상이 가지 않았는데, 기차역에서 만난 그는 다섯 번쯤 변해버린 강산만큼이나 몰라보게 달라져 있었다. 어렸을 때의 곱고 앳된 모습은 찾아볼 수가 없었고 우리들의 연륜만큼이나 주름진 그의 얼굴은 반가움보다는 서글픔을 안겨 주었다. 그 친구도 우리를 보면서 똑같은 생각을 했을 것이다. 차라리 만나지 않았더라면 밝고 맑기만 했던 어린 날이 아름다운 추억으로 고스란히 남아 그리워하면서 살지 않았을까 하는 생각도 들었다. 하지만, 그런 생각은 순간 지나가고 반가움에 서로 악수를 하였다.

M친구는 부산에 있는 명소를 구경시켜 주고 벚꽃이 만발한 언덕길을 올라 바다가 확 트인 횟집에서 풍성한 접대를 해주었다. 지난 오십여 년의

세월을 어찌 다 말할 수 있을까마는 이산가족을 만난 듯 시간 가는 줄도 모르고 어린 시절의 추억을 넘나들며 이야기꽃을 피웠다. 식사 후 그의 집을 방문하여 구순의 아버지를 찾아뵙고 인사를 올리는데 우리가 어렸을 때 보았던 멋진 의사 선생님의 모습은 사라지고, 이제 거동마저 불편한 초라한 노인이었다. 그 모습에 인생의 무상함을 느꼈다. 친구의 호의에 고마워하며 아쉬운 작별을 하였다.

말로만 듣던 부산 자갈치시장을 한 바퀴 돌다 보니 어둠은 내리고 시장 가득 배인 파장 생선 비릿내가 코를 찔렀다. 시장 골목을 빠져나와 허름한 여관에 여장을 풀고 피곤함도 잊은 채 밤새 정담을 나누었다. 면 소재지를 중심으로 나는 4킬로미터 남쪽에서 살고, Y는 4킬로미터 북쪽에서, 또 J는 면 소재지 근처에서 살았다. 겨울 방학이 되면 Y집에서 며칠 지내다가 또 우리 집에 와서 며칠 놀면서 방학 숙제도 하고 소꿉장난도 하며 어머니가 삶아 주신 고구마와 보리개떡을 먹으면서 어린이 걸음으로 왕복 8킬로미터나 되는 거리를 멀다 않고 오가며 우정을 쌓아 왔다.

이번 우리의 만남은 사전 계획도 없이 즉흥적으로 이루어졌다. 그 지역 기사님들의 도움을 얻어 제일 멋진 볼거리와 제일 맛있는 먹거리를 찾아 향방 없이 떠나기로 한 여행이었다. 첫 밤을 부산에서 지내고 이른 아침 군항제가 열리는 진해를 찾았다. 초입에 들자 오래 된 벚나무가 연분홍 꽃물결로 상춘객을 반겼다. 집 나온 여인들처럼 가방 하나씩 들고 여기저기 기웃거리며 잔치 속에 끼어들었다. 아무도 알아보지 못하는 객지에서 여행하다 보니 자유롭기도 했지만 왠지 자신이 너무 초라하게 느껴진다. 좀 더 젊었을 때 만났더라면 하는 아쉬움이 남는다. 아이들 다 키워 시집 장가 보내놓고 이제야 자유부인이 되었으니 어쩔 수 없는 일이 아니던가!

진해에서 하룻밤, 다음날은 전라도로 발길을 돌려 목포에 도착했다. 고향에 온 듯 마음이 편안하다. 기사님의 귀띔으로 북항에 가서 산낙지를 싸게 먹는 법을 알았다. 먼저 산낙지를 먹을 만큼 사서 먹기 좋게 토막을 내

포장하고 마트에서 나무젓가락과 초간장, 맥주 한 캔을 준비했다. 그런 다음 바다가 보이는 언덕에 올라 분위기에 취하고 한 잔술에 취해 행복한 시간을 즐겼다. 쓰러진 소가 낙지를 먹으면 기운이 나서 벌떡 일어난다는 산낙지로 배를 채웠으니 기운도 펄펄 나고, 정다운 벗 있으니 그 기쁨도 크고, 먹는 재미 또한 쏠쏠했다. 해질 무렵의 바다는 물감을 풀어 놓은 듯 붉게 물들어 가고 있었다. 이런 황혼처럼 우리의 인생도 하루의 끝자락에 오지 않았나 생각하니 서글픈 마음이 든다.

우리는 이른 새벽에 홍도로 떠나는 여객선 표를 예매해 놓고 부둣가 근처에 있는 호텔 방에 들었다. 우리의 수다는 온 밤을 하얗게 수놓았다. 평생 가족을 위해 봉사해온 남편에 대해서는 늘그막에 미운 짓 한다고 흉을 보고 자식 손자 자랑하는 데는 자랑 단지가 깨어질 듯 앞다툰다. 이렇다 보니 남자보다는 여자가 스트레스 해소를 잘하게 되어 수명이 긴 것 같다.

아직 새벽바람이 콧등을 서늘하게 하는 부둣가에 나가 홍도로 가는 여객선을 탔다. 물결은 뱃전에 부딪히고 뱃고동 소리는 새벽의 고요를 흔든다. 저물녘 노을에 바다가 붉게 물들면서 섬 전체가 붉어져 홍도라 부른단다. 갯바람이 차가워 머플러로 흩날리는 머리를 감싸고, 안내자가 주워섬기는 주변 섬들에 대한 농담 섞인 설명을 건성으로 들으며 멀리 보이는 섬들의 절경을 혼자서 감상했다. 그 섬에는 주요 관광자원으로 남문바위, 물개굴, 석화굴, 기둥바위, 원숭이 바위 등이 있으며 홍도 풍란도 자생하고 있다고 한다. 우리는 홍도에 도착하여 파래김과 멸치를 샀다. 파래 향이 식욕을 돋우었다. 태풍이 심해 여객선이 끊기기도 하는데 이때는 며칠씩 섬에서 갇혀 있어야 하기 때문에 여비를 넉넉히 가지고 가야 한단다.

초등학교 때나 지금이나 짓궂은 J는 강원도에서 왔다는 우리 연배의 여행객들에게 접근하여 친절히 말을 건넨다. 그 모임의 회장인 듯한 사람과 명함을 주고받으며 전화하고 찾아가겠다고 농담을 하면서 웃는다. Y와 나는 그 친구의 엉뚱한 행동에 당황해하며 일행이 아닌 것처럼 딴 곳으로 피했다. 그곳에서 매운탕으로 점심 식사를 하고 아침에 탔던 여객선에 다시 올라 흑산도로 향했다. 뱃전에 부딪히는 은물결을 따라 배는 미끄러지듯 움직이고 시원하게 부는 바람은 가슴까지 파고든다. 예쁜 섬 주위에 낚싯대를 드리운 강태공들의 정중동을 지나치며 한 마리의 대어를 낚기 위해 몇 시간을 기다려야 하는 그들의 인내를 생각했다. 그들은 이런 곳에서 인생을 배우고 삶의 지혜와 고뇌를 체험하는 것일까.

흑산도에 도착한 우리는 값이 비싸 칠레산에 밀려나 있는 흑산 홍어와 전복을 먹기로 했다. 흑산도는 우리 땅의 가장 서남단에 위치한 섬으로 바다가 푸르다 못해 검게 보인다고 하여 흑산도라 부른다고 했다. 우리는 바다가 보이는 이층 방에 숙소를 정했다. 창밖으로 보이는 바다 경치가 그림처럼 아름답다. 창문을 여니 상큼한 바닷바람이 갯내음과 손을 잡고 방안을 기웃거린다. 흑산도라는 남녘 바다 끝자락에서 전문적으로 투어하시는 분의 안내를 받아 해안도로를 일주했다. 이곳에서도 봄소식을 저희들만 아는 듯 벚꽃이며 이름 모를 화사한 섬 꽃들이 봄날을 쉬어가라고 붙잡는다.

다음날 아침 홍어 경매시장을 찾았다. 웅성웅성 경매인들의 알아들을 수 없는 소리와 손짓으로 경매가 시작되었다. 싱싱한 홍어가 마름모꼴의 몸통에 긴 꼬리를 축 늘어뜨린 채 상인들의 손에 팔려나간다. 광활한 바다를 휘젓고 다니던 위상은 어디 갔을까? 죽어 누워 있어도 바다 속에서 화려했던 시절을 꿈꾸고 있을까?

요즘은 흑산도 홍어가 잘 잡혀 값이 내렸다고 한다. 우리는 주인집 아줌마를 통해 경매 받은 홍어를 한 마리씩 포장해서 각자 집으로 부치고 작은 홍어 한 마리로는 구이와 무침과 탕으로 홍어 잔치를 벌였다. 기름소금에 찍어 먹는 맛도 일미였다. 또 한 가지 홍어와 돼지 삼겹살과 묵은 김치에 막걸리 한 사발까지 곁들여 마시는 홍탁삼합은 홍어의 미각에 길들여진 전라도 사람들이 아니면 그 진가를 알 수 없는 별미 중의 별미다.

오랜만에 모든 생활의 염려 다 벗어 버리고 바람 부는 대로 발길 닿는 대로 돌아다녔던 4박 5일의 이번 초동 친구들과의 황혼 여행은 우리들의 남은 생애에 활력소가 될 보람되고 멋진 만남으로 기억될 것이다. 돌아오는 길 눈처럼 하얀 벚꽃이 우리의 이별을 아쉬워하듯 하염없이 날린다.

43년 만의 해후

가는 가을 아쉬워하듯 나뭇가지 위에 오색 단풍이 대롱대롱 매달려 있다 금년 들어 날씨가 가물어서인지 단풍잎이 오그라들고 썩 고운 빛을 내지 못하는 것 같다.

나는 요즘 보고 싶은 친구들을 집으로 초대해 놓고 며칠 동안 마음이 부산하고 설렌다. 집안 구석구석 먼지를 털어내고 이부자리도 갖추어 놓고 화단에 마른 가지들도 잘라 정돈했다. 화원에 가서 빨강 노랑 연분홍 베고니아를 사서 예쁘게 장식했다. 한결 집안 분위기가 정갈하고 산뜻해졌다. '다정도 병이런가!' 혼자서 중얼거리며 초대에 소홀함이 없는지 세심히 살펴본다. 언제나 그랬듯이 종이 차림 상에 열 명 분량의 음식 가짓수를 적어 가면서 상차림 예행 연습을 해본다. 혹시 빠진 음식이 없나 세어보니 열 가지이다. 중심 음식으로 갈비찜을 차려 놓으니 아침 식사로는 먹을 만한 한정식 차림상이 된 것 같다.

집에 초대한 친구들은 청년시절 C대학에서 가졌던 친목 동아리 친구들이다. 그 당시 장학생들을 주축으로 결성되었는데 공부는 잘하지만 가정형편이 어려운 학생들이 4년 동안 전액 장학생이란 파격적인 매력 때문에 C대학이 어딘 줄도 모르고 전국 각지에서 모여들어 입학이란 관문을 통과한 수재들이었다.

대학 졸업 후 뿔뿔이 헤어져 소식도 알 수 없다가 43년 만에 알음알음으로 회원들을 찾게 되어 처음 만났을 때의 그 감회는 지금도 가슴을 뛰게 한다. 그 중에는 타계한 사람도 있었고 소식을 모르는 회원들도 있었다. 그때 이후로 우리는 일 년에 한 번씩 회원이 살고 있는 곳에서 초대하면 그곳에 찾아가 만나기도 하고 그렇지 않으면 주로 광주에서 모였다. 이번에는 광주다. 서울 부산 대전 함양 또 우리 광주 친구들 약속 시간에 맞춰 C대학 교정에 있는 연못가에 모여들었다. 멀리서 걸음걸이만 봐도 낯설지가 않는 모습들 만면에 웃음이 가득하여 악수를 나눈다.

반세기를 몇 년 남겨둔 이 시점에서 교정을 돌아보는 우리의 마음은 감개가 무량하다. 우리 다닐 때 초라하고 볼품없었던 교정은 우람찬 나무들이 가지런히 정비되어 있고, 우리들의 키 높이였던 포플러는 위아래로 몸집을 불리며 세월의 무게만큼 나이테를 늘리고 있었다. 모교의 상징인 백악관은 최신 건축 양식으로 확장되어 어디에 내놓아도 손색이 없는 훌륭한 종합대학으로 탈바꿈하여 모교를 찾아온 우리들에게 크나큰 자부심을 갖게 했다.

잘 꾸며진 장미원은 봄이면 관람객이 붐비는 아름다운 명소로 자리잡아가고 있다. 우리는 아직도 장미꽃이 곱게 피어 있는 장미원을 지나 젊은 나이에 청운의 꿈을 담았던 강의실과 도서관을 둘러보기 위해 삼백 개가 넘는다는 돌계단을 걸어서 올라갔다. 어떤 친구는 변하지 않는 것은 모교 뱃지와 바위 위에 새겨진 교가뿐이라며 졸업 후 처음으로 찾아온 모교에 대한 정취를 마음 가득 담아 가려는 듯 이곳저곳을 기웃거리고 다녔다. 운동장에는 축구를 즐기는 학생들의 모습이 활기차고 잔디밭에선 풍물놀이가 한참이다. 우리 다닐 땐 방과 후 배구 시합을 자주 했었는데….

천고마비의 계절이라더니 그늘이 드리운 등나무 벤치에서 책 읽는 학생들도 눈에 보이고 그 시절에는 상상도 할 수 없었던 남녀 학생들의 팔짱끼고 걷는 모습도 오늘만은 로맨틱하게 보인다. 마음이 넉넉하니 모든 것이 아름답다.

우리는 아쉬움을 뒤로한 채 숲을 가로질러 난 낙엽이 푸석거리는 오솔

길을 따라 내려왔다 서로의 얼굴에 피어있는 검은 반점과 주름살, 머리카락이 지나간 세월만큼 하얗게 세어버린 우리들의 자화상이다. 그렇지만 43년이란 숱한 날들은 까맣게 지워진 필름처럼 가물가물 망각 속에 재워두고 그때 그 시절이 강한 자석이 되어 이 시점으로 이어지는 것은 예나 지금이나 변함없이 가슴속 깊이 묻고 살아온 우리의 우정 때문인 것 같다.

저녁 식사 후 그때 광주의 중심지 충장로를 걸으며 우리들의 유일한 만남의 장소였던 카네기 홀과 르네상스 같은 클래식 음악 홀을 찾아봤지만 어디가 어딘 줄도 모르게 흔적도 없이 변해버려 또 하나의 추억을 상실한 듯 아쉬움으로 남는다. 그때의 한국은행은 시민 공원으로 자리바꿈했고 네온사인이 휘황찬란한 예술의 거리는 철시 때문인지 사람들의 발걸음이 뜸하다. 도청이 떠나버린 자리에 들어설 문화의 전당은 아직 공사중이라 죽음의 도시처럼 적막하고 쓸쓸하다. 이 저녁 너무 멀리 와버린 세월이 아쉽지만 남아 있는 날들을 속셈하며 헤어졌다.

나는 다음날 일정 때문에 애써 잠자리에 들었으나 밤새 뒤척이다 이른 새벽부터 일어나 종이 차림 상대로 밥상을 차렸다. 작년에 새벽 운동을 다니면서 무등산 자락에 심었던 깻잎을 손질하여 된장 밑에 꾹꾹 눌러 두었던 무공해 깻잎 장아찌며 해 묵은 배추김치가 환상적이라 자랑하면서 친구들의 입맛을 돋우었다. 친구들은 이런 좋은 날 한잔 술이 없어서야 되겠느냐며 아침부터 술타령이다. 나는 아들의 허락도 없이 와인 한 병을 따서 짝도 맞지 않은 유리잔으로 축배를 들었다. 반주를 곁들여 음식을 먹는 친구들의 화기애애한 모습을 보니 집으로 초대하기를 잘했다는 생각이 든다. 다음에 만날 때는 접대할 기회를 달라고 주문하는 고희를 바라보는 그들의 모습에서 노년의 부요한 마음이 엿보인다. 우리는 녹차 한 잔씩을 마시고 서둘러 일어섰다.

섬진강 줄기를 따라 전라남도와 경상남도로 이어지는 화개장터를 지나 박경리 작품 『토지』의 드라마 세트장으로 사용했다는 하동 최참판 댁을 구경했다. 가을걷이가 끝난 들녘은 텅 비어 있었지만 병풍처럼 드리운 마을 뒷산은 산세가 수려하여 동양화를 그려 놓은 듯 아름다운 풍경이다. 입구에서부터 감나무에 빨간 홍시가 주렁주렁 열려 가을의 풍성함을 자랑하고, 듬직하게 고개를 드리운 못 생긴 모과는 독특한 향기를 흩뿌리며 방문객을 맞는다. 오는 길 논밭에 서 있는 색색으로 지어 입힌 조형물들은 언뜻 보기에 살아 있는 사람들이 농사일을 하는 모습으로 착각할 정도였다.

우리는 남해 대교를 지나 바다가 한눈에 보이는 해변을 따라 구불구불 경사진 길을 주행했다. 신선한 바람과 함께 차창 너머로 스며든 비릿한 바다 냄새는 고향의 향수를 불러온다. 우리는 억새풀이 나부끼는 언덕에서 잠시 내려 바다 구경을 했다. 바다 가운데에는 고깃배가 유유히 떠 있고 먹이를 찾는 갈매기 떼가 수면을 차고 날고 있다.

나는 해풍에 그을린, 마디가 굵어진 가을 쑥을 한 잎 뜯어 자근거려 본다. 약 오른 쑥 향이 독기를 품은 듯 씁쓰름하다. 또 군락을 이루어 피어 있는 구절초의 청초한 향기는 뭇 사람의 시선을 머무르게 한다. 자연을 보고 있노라면 모든 것이 경이롭고 사람의 발길에 밟히는 하찮은 쇠비름 한 잎에도 살아있는 숨결이 느껴지는 오묘한 우주의 섭리를 누가 논할 수가 있으랴! 오후 세시를 넘어서니 해는 서산 중턱에 걸려 있고 낙조가 바다 위에 물들기 시작한다.

“아야, 우리 저 해만큼이나 우리 인생이 남아 있을까?”

“그래. 지는 해는 순식간에 빨리 넘어 가면서 크고 붉게 넘어 간다고 하드라. 우리도 주변 정리를 해야 할 것 같지? 그래서 나는 이제 사진도 안 찍는다. 어떤 친구는 유서도 써 놓았다드라.”

쓸쓸한 친구의 미소에 공감하면서 서로의 손을 꼭 잡고 따뜻한 체온을 느껴 본다.

우리는 돌아오는 길에 학창시절에 즐겨 불렀던 동요와 가곡을 합창하면서 목적지가 가까워져 오자 석별의 정을 나누었다. 유별나게 정이 많은 부산에서 온 친구는 차에서 내리는 사람마다 가슴이 으스러지도록 꼬-옥 껴안아주며, 내년에 다시 건강하게 만나자는 아쉬운 작별 인사를 했다. 육개월에 한 번씩 만나자고 우기던 고집도 꺾인 채….

만날 때는 보고 싶어 설레다가 헤어질 때는 아쉬움만 남는 우리의 만남이 너무 때 늦은 감이 있지만 푹 곰삭은 묵은지 같은 우리의 우정은 해가 갈수록 더 깊어만 간다. 이 저녁 별들은 금방 쏟아져 내릴 듯 총총하고 늦은 가을 스산한 바람결에 나는 여름내 열어 놓은 옷섶을 다시 여민다.

(2008. 10. 30.)

무등산의 가을

무등산은 사철이 아름답고 경사가 완만한 등산 코스인데다 등산길이 사방으로 터져 있어 어느 쪽을 선택 하드라도 입산하기가 편리해 날이 갈수록 광주 시민들의 사랑을 흠뻑 받고 있는 산이다.

무등산이란 명칭은 서석산과 함께 고려 때부터 부른 이름으로 '무돌' 혹은 '무진' 이라고 했던 것이 무등산으로 바뀌었다고 한다. '무돌' 은 무지개처럼 곱고 아름다운 돌산이라고 했으며 '무진악' 이라고도 불렀다. 긴 세월 동안 모진 풍파에도 아랑곳하지 않고 무심히 서서 빛고을을 지키는 무등산이 광주의 심장인 것만은 틀림없다.

고희가 되기 전에 무등산 상봉이며 규봉암 서석대 입석대를 꼭 한번 오르고 싶었는데 온 산이 붉게 타는 늦은 가을날에야 J, Y 동행하여 무등 산장으로 가는 1187번 버스를 문화의 전당 역에서 탔다. 이 노선의 번호는 무등산의 높이 1,187미터를 따서 붙여졌다고 한다. 오전 9시 30분인데도 버스 안은 등산객으로 발 딛을 틈 없이 꽉 차 있다 버스 천정에 있는 손잡이를 잡았어도 커브를 돌 때마다 이리 저리 밀리다보니 등산도 하기 전에 힘이 다 빠지는 것 같다. 우리는 무등 산장에서 내려 동화사 터를 향했다. 낙엽이 수북이 쌓인 등산길을 따라 오르다가 힘이 들면 스틱에 힘을 실어 쉬엄쉬엄 올라갔다. 그래도 새벽 깃대봉에서 단련한 기공 체조 덕분에 자신감을 갖게 되었지만 두 친구 우정의 보조로 뒤처지지 않고 따라갈 수 있었다.

여름 내내 청청한 나뭇잎 무더운 여를 그늘로 식혀주더니 가을이 되니 그 잎새 계절에 말려 우수수 떨어져 겨울을 준비한다. 오색으로 물든 아기 단풍잎이 등산객들의 눈이 시리도록 아름답다. 오늘만은 우리 속에 있는 모든 번뇌 맑게 지우고 우리에게 주어진 축복된 하루를 마음껏 즐기며 풍요로운 가을을 가슴 가득 담으리라.

광주에서 생활한 지 54년인데 이런 아름다운 산을 곁에 두고도 한 번도 찾아오지 못했으니 일상이 바쁘다는 것은 핑계고 너무 무던한 성격 때문인 것 같다. 우리는 처녀지를 개척하는 탐험가처럼 딛고 올라가는 걸음마다 처음임을 확인하면서 동화사 터에 도착하니 낮 12시가 되었다. 그 깊은 산 속에 넓은 암반이 군데군데 깔려있고 아담한 소나무들이 동화사 주위에 그저 녹색 빛깔을 자랑하며 울창하게 들어차 있었다.

그와는 대조적으로 나뭇잎이 다 떨어진 잡목은 가지만 앙상하다. 멀리 보이는 상봉이 장관이다. 구릉을 따라 아름다운 오색 단풍은 양탄자에 수를 놓은 듯 햇살에 눈부시다. 피곤함도 잊은 채 맑은 공기 들이마시며 소나무 그늘이 있는 평평한 암반 위에 여정을 풀었다. 아침을 설치고 온 터라 주먹 김밥에 묵은 김치, 깻잎, 락교, 도라지 무침으로 최상의 점심 식사를 했다. 과일과 커피까지 마시고 나니 이 세상에서 더 이상 욕심부릴 것 아무 것도 없는 부요한 인생이 된 것 같다. 중봉으로 가는 길 양편에 웬 억새 저리 하얗게 피어 늦가을 산등성이 물결치고 억새꽃 반쯤 날아가 살랑거리는 바람 우리들의 마음을 설레게 한다.

자리를 털고 일어서려는데 암반 옆에 있는 소나무 가지에 누군가가 버린 검정 쓰레기 봉지가 대롱대롱 걸려 있다. 이렇게 높고 깊은 산속에 자기가 버린 쓰레기를 누구에게 수거하라고 이런 짓을 했을까? 공중도덕을 지킬 줄 모르는 양심에 화인 맞은 듯한 사람도 있구나 싶어 눈살을 찌푸리는데 불의를 보면 참지 못하는 J 친구 그 봉지를 소나무에서 내려 산에 올라오면서 주운 빈 깡통, 휴지, 은박지, 나무젓가락 등이 들어있는 봉지와 합해서 등산 배낭에 넣는다. 최소한 자기가 머물다 간 자리는 돌아볼 줄 아는 지각 있는 등산객이 많을수록 우리의 무등산은 깨끗하고 아름답게 가꾸어질 것이다.

중봉으로 가는 길은 경사가 완만한데다 휴식을 취해서인지 힘들지 않게 올라갈 수 있었다. 아름다운 추억을 담기 위해 핸드폰을 열어 억새꽃 사진이며 햇빛에 반사되어 반짝거리는 단풍 사진도 저장하고 해찰하면서 중봉에 도착했다. 음악을 좋아하는데다 목소리까지 고운 J, Y와 목소리를 모아 〈기다리는 마음〉 합창하고 뱃속까지 시원한 바람 호흡한다. 멀리 장난감처럼 조그맣게 보이는 아파트숲 가운데 숨어 있는 자기 집들을 짐작하느라 수다스럽다.

Y 친구는 가을산은 해가 빨리 지기 때문에 서둘러 하산해야 한다고 했지만 J와 나는 오랜만에 오른 산의 정취에 취해 장불재를 거쳐서 내려가자고 우겨 가을의 아름다운 풍경뿐만 아니라 MBC, KBC, KBS 송신소며 상봉, 서석대, 입석대를 가장 가까이서 감상할 수 있는 기회를 붙잡았다. 봄이면 철쭉꽃을 배경으로 겨울이면 눈꽃을 배경으로 커다란 사진 액자 속에서만 보아왔던 전경을 실제로 보게 되니 고희를 바라보는 나이답지 않게 감정은 이십대를 넘나들고 있었다.

하늘이 어둑어둑 구름이 덮는 걸 보니 비가 오려나보다. 우리는 하산을 서둘렀다. J친구 하산길 언덕에 핀 보랏빛 쑥부쟁이 꽃 한 송이 꺾어 내가 좋아하는 색이라면서 모자 깃에 꽂아주며 쌩긋 웃는다. 얼굴에는 세월이 스쳐 지난 흔적이 남아 있어도 J여고에서 처음 만났을 때 그의 모습과 웃음은 반백년이 지난 지금도 순수하게 빛나고 있어 변치 않은 서로의 우정에 마음이 훈훈해진다.

용추 삼거리를 지날 무렵 빗방울이 듣기 시작한다. 준비성이 있는 J, Y 친구들 우산과 비옷을 꺼내 비를 피한다. 너무 가을 가뭄이 심해 나무들이 타들어가니 한바탕 소나기라도 왔으면 싶지만 우선 하산할 때까지만 참아

주었으면 하는 이기심이 발동한다. 부슬부슬 비가 내려, 깔린 낙엽들이 젖을 정도여서 오히려 가을 정취를 만끽할 수 있어 낭만적이었다. 겉으로는 내색하지 않았지만 일찍 하산하자고 했을 때 내려갈 걸, 친구들에게 미안한 마음이 들었다. 세상사 새옹지마라 하지 않았던가. 한치 앞도 볼 수 없는 것이 인생사라 무엇이 우리에게 유익이 될지 알 수 없는 일이다. 우리는 천천히 백운암 터를 지나 봉황대 그리고 미나리깡 샘물터에서 생수 한 바가지를 마셨다. 졸졸 암반 깊숙이 흐르는 이 깨끗한 생수는 어디로부터 와서 이 가뭄에도 목마른 등산객들의 갈증을 식혀 주는 것일까? 아무리 날씨가 우리를 시샘해도 오늘만은 우리들의 낭만을 흐리게 할 수는 없다는 듯이 우리는 쉼터에 앉아 남아 있는 과일을 먹으면서 비오는 날 숲속의 수채화를 그리고 있었다.

겹겹이 층층이 조형을 이룬 이 크나큰 바윗돌이며 아름다운 산천초목을 보면서 천지를 창조하신 주님의 손길을 느꼈다.

약사암 가까이 오자 내리던 비도 그치고 울긋불긋 나뭇잎에 물기만 촉촉이 머금고 있어 늦가을의 정취가 한껏 더해 간다. 무등 산장에서 입산하여 증심사로 내려오기까지 장장 7시간이라는 대장정이었지만 맑은 산 공기 때문인지 아니면 좋은 친구들과의 동행 때문인지 별로 피곤한 줄을 모르겠다. J, Y 친구들도 최고의 산행이었다면서 기회가 있으면 다시 오르기로 했지만 겨울 눈 올 때의 산행은 자신이 없고 다음 해 철쭉꽃 핀 봄날을 기대해 본다.

(2008. 11. 17.)

무등산의 겨울

밤새 내린 눈은 신작로 위에 덮이고 아침까지 간간히 흩날리는 눈발은 수북이 쌓인 눈길 위를 덧입힌다. 신정이라 휴가차 내려온 막내사위와 열 살 된 손녀와 함께 무등산을 오르기로 했다. 손녀는 이번 산행이 열두 번째라며 지리산 노고단, 대륜산, 설악산, 금강산도 다녀왔다고 자랑한다.

원효사에서 장불재로 가는 길로 들어서니 등산장비로 완전무장한 등산객들로 붐빈다. 사각거리는 눈길 밟으며 무슨 상념에 젖어 저리 바삐 오르는 것일까? 다른 사람보다 먼저 높은 산에 올라 새해 벽두에 소원 성취를 기원하기 위함일까? 나는 아직 사람들의 발길이 닿지 않은 갓길을 조심스레 밟으며 스틱에 의지한다.

해마다 눈 오는 날이면 아파트 베란다 창문 너머 멀리 보이는 눈 덮인 하얀 무등산을 바라보며 그곳에 꼭 한번 오르고 싶다는 생각을 떨칠 수가 없었다. 이렇게 눈 오는 날 광주의 명산 무등산을 오르게 되니 마음속에 담고 있는 꿈은 언젠가는 이루어지리라는 신념이 있기에 오늘과 같은 모험을 하게 된 것 같다.

가을 산과는 또 다른 겨울 산의 정취가 봄날의 아지랑이 피어오르듯 스믈스믈 가슴속을 파고들고 민둥한 나뭇가지 위에 눈꽃이 시리도록 피어 등산객들의 피곤한 일상을 잠시나마 식혀준다.

겨울날 눈보라에도 떨어지지 않고 꼭 움켜쥐고 있는 마른 나뭇잎을 보면서, 남쪽 나라가 고향인 저 나무는 고향이 그리워 차마 잎을 땅에 떨구

지 못하고 서 있단다. 어린 딸에게 나무의 전설을 이야기해 주기도 하고 수수께끼 풀기며 낱말 잇기를 하면서 산에 오르는 부녀지간의 모습이 정겹게 보인다. 우리 어렸을 때 부모님은 너무 엄격하여 아버지 앞에 서면 죄가 없는데도 가슴이 두근거리고 아버지께서 주무실 때는 꼿발을 딛고 걸어 다녀야 했고 방문을 여닫는 데도 숨을 죽여야 했기 때문인지 나는 지금도 내 의사를 제대로 표현하지 못하는 것 같다. 요즘 아이들은 부모님이 친구처럼 다정하게 대해주니 똑똑한 아이들로 장성하고 있지만 한 면으로는 너무 버릇없고 자유 분망하여 위아래도 몰라보는 자기 중심적인 아이들로 자라기 쉽다. 자기가 왕자이고 공주인 것처럼 착각하고 있으니 조금은 걱정스럽다. 부모의 엄한 부분도 보여주는 가정교육이 필요하지 않을까 하는 생각이 든다.

날씨는 화창하고 눈 위에 내리쪼이는 햇빛 은백 보석을 뿌려 놓은 듯 반짝인다. 암벽 위에 눈이 녹아내리다가 냉기에 멈춰선 고드름이 석순처럼 주렁주렁 매달려 있다. 그 고드름 하나 따서 입가에 가져가 본다. 어릴 적 우리집 초가지붕에도 발을 드리우듯 수정 고드름이 많이 맺혔었지. 그 고드름 따서 먹기도 하고 차가운 줄도 모르고 친구들과 팔목 위에 올려놓고 누가 오래 견디는지 내기도 했던 어린 시절이 불현듯 떠오른다.

한참을 오르다보니 길가 마른나무 위에 빈 새둥지 하얀 눈을 흠뻑 담고 여름날의 향수에 젖어 있는데 현장 교육이라며 사위는 지팡이로 새 집을 털어내려 관찰한다. 나름대로 촘촘히 엮은 띠풀로 정교하게 지은 새 둥지에서 부화한 새끼 새들은 지금은 어디에서 또 다른 자기 둥지를 틀고 있을까? 우리 아이들도 장성하여 부모 곁을 떠나 한 가정을 이루고 부모라는 빈 둥지만 남겨두고 떠나는 것과 무엇이 다를까 생각하니 모든 세상의 이치가 근본은 같은 것 같다.

장불재에 도착하니 지난 가을에 보았던 오색찬란한 황금물결은 자취를 감추고 더 깊어진 구릉마다 눈꽃으로 갈아입은 잡목들 속에 드문드문 청청한 소나무들이 고고함을 자랑하고 있다. 아름답게 하늘거리던 억새꽃 바람에 어디론가 홀씨 되어 날아가고 마른 억새 잎새에 아직 남아있는 알갱이를 입에 멍이 들도록 쪼아대는 작은 뱁새의 초롱초롱한 눈빛, 이리저리 날아다니며 친구들을 불러 모으는 소리 요란하다. 눈곱만한 작은 창자를 채우기에도 힘이 겨운지 종일 저리 부산한 몸놀림으로 먹이를 찾아 쪼아대는 것일까? 오랜만에 보는 이런 겨울 풍경이 고향집 대숲에서 짹짹 거리며 날아다니던 참새 떼의 무도회를 연상케 한다.

지난 가을에는 통제되어 오를 수 없었던 입석대, 서석대가 다시 정비되어 개방되었음인지 가족끼리 연인끼리, 단체모임에서, 친구끼리 찾는 사람들이 많다. 아직 눈이 쌓여 빙판 길인데다 나이 들어서는 낙상이 제일 위험하다는 생각에 입석대, 서석대를 눈앞에 두고 감상하는 걸로 만족할까 망설이고 있는데 사위가 옆에서 부추긴다. "지금 아니면 언제 다시 오르시겠어요?" 나는 그 한마디에 힘을 얻어 신발 끈을 고쳐 맨다. 그늘진 곳엔 생각보다 빙판길이 많아 사위의 손을 붙잡고 돌계단을 올랐다. 다리가 후들거리고 아찔한 순간도 있었지만 입석대를 지나 서석대에 이르니 정상에 오른 뒤의 성취감을 어떻게 표현해야 할지 모르겠다. 이런 묘미 때문에 산을 사랑하는 사람들 고된 산행을 즐기는가 싶다.

한눈에 광주 시가지가 보이고 능선을 따라 쭈빗쭈빗 마른 가지들 눈꽃을 이고 고개를 숙이고 있다. 가을에 중봉을 넘어 장불재를 다녀오면서 겨울 등산은 자신 없어 철쭉 핀 봄날을 기다려야 하겠다고 마음먹었는데, 설화 곱게 핀 무등산을 마주하고 있으니 감개가 무량하다. 우리는 서석대 주상절리대에서 그곳의 경치를 카메라에 담으며 오늘 최상의 감동을 함께 누렸다.

갑작스런 산행이라 아무 준비도 안 해온 탓에 달랑 빵 다섯 개와 보온병에 담아온 매실차를 나누어 점심을 대신했지만 넉넉하다. 귓볼을 시리게 하는 찬바람도 살갑다.

하산할 때에는 증심사로 내려가는 길은 너무 미끄러워 포기하고 좀 지루하지만 왔던 길을 택했다. 산에 오를 때보다는 내려가는 길이 위험하다며 손수 아이젠을 끼워주는 사위의 자상함에 고마워하며 오후 들어 빙판이 되어버린 길 위에 조심스레 발길을 내딛는다.

어떤 아빠들은 얼음 썰매를 준비하여 가져왔다. 요소 거름 비닐 부대에 막대를 끼운 다음 양면 막대 끝에 빨랫줄 굵기의 노끈을 매달아 아이들을 태우고 아빠가 앞에서 수레를 끌듯이 달리면, 아이들은 쏜살같이 얼음 위로 미끄러져 내리면서 박장대소를 한다. 문득 꽁꽁 언 방죽에서 나무판 썰매를 만들어 탔던 어린 시절이 생각난다. 세월은 흘러도 전해 내려오는 풍습은 맥을 이어가고 있는 것 같다.

나는 입버릇처럼 더 나이 들기 전에 입석대, 서석대를 동행해주도록 친구에게 부탁했었는데 그것도 한겨울 눈꽃 핀 무등산의 정상에서 심호흡을 하게 되다니 감회가 깊다. "나 서석대 정상에 있다"라고 들뜬 마음으로 메시지 보냈더니 이에 놀라 "새해 소원 성취 하게 되어 축하한다"는 친구의 답신을 받고 하산하는 길, 서산을 넘는 햇살 뉘엿뉘엿 내 등 뒤에서 멀어져 가고 썰매 타는 아이들의 소란스런 메아리는 잿빛 산그늘에 깔린다.

무등산의 늦봄

철쭉꽃 핀 봄날에나 무등산을 오르려고 마음먹었는데 지난 가을 장불재를 다녀왔고 정초에 입석대, 서석대를 다녀왔으니 뜻밖의 소득에 만족하고 있다. 남들은 날마다 하는 산행인데 일 년에 한두 번 무등산 정상에 오른 것을 자랑하고 있으니 나이 탓이라 돌릴 것이 아니라 이제는 기회 있을 때마다 오르고 싶다.

친구들과 증심사 버스 정류장에서 만나 무등산을 향했다. 평상시 사람들이 즐겨 찾는 길이 무등산 정비 공사 때문에 입산 통제가 되어 뒷길로 가라며 안내원이 길을 막는다. 그러면서도 절에 가는 사람은 어쩔 수 없다는 여운을 남긴다. 친구는 우리도 절에 가는 중이라고 하니 안내원은 그러면 어쩔 수 없다면서 길을 열어 준다. 우리는 증심사를 지나 당산나무 골로 올라갔다. 하늘은 비가 오려나 구름이 햇살을 가렸으나 온통 초록색 옷을 입은 무등산은 눈의 피로를 덜어 준다. 평소에는 등산객들 오고 가는 발길로 소란스러워야 할 길이 오늘은 인적이 없으니 무등산 전체가 우리들의 소유인 듯 여유가 있어 쉬어가면서 하루를 지내기로 했다.

초록 잎새 밑으로 코를 찌르는 향내 풍기며 때죽나무 꽃 땅으로 고개 숙이고 하얗게 피어 있다. 저 나무는 하늘을 보기가 부끄러워 땅만 보고 있다고 농담 삼아 말하면서 오르는데 또 다른 이름도 알 수 없는 나무가 가지마다 하늘을 향해 초롱 같은 꽃잎을 피우고 있다. '죽는 날까지 하늘을 우러러/ 한 점 부끄럼 없기를/ 잎새에 이는 바람에도 나는 괴로워했다' 는 윤동주의 「서시」가 입안에 맴돈다.

이번 무등산 정비 작업으로 주위에 있는 집들이 모두 헐리고 며칠 후면 흔적도 없이 사라질 TV 상자며 책상과 의자며 반질반질 길이나 있는 빨랫돌과 장롱 조각들이 널브러진 쓰레기 더미 속에 싸여 있다. 한때는 그곳을 터전으로 가계를 이루며 살아 왔을 손때 묻은 살림살이며 하찮은 풀 한 포기도 사랑했을 정든 터전을 뒤로한 채 지금 주인은 어디로 이사 갔을까? 등산객들 오르내리며 내 집처럼 편하게 쉬고 갔을 허름한 식당도 닭 울음소리 멎고 서민들의 애환을 한잔 술에 풀고 가던 자리는 이제 흔적도 없이 사라질 것이다. 그 위에는 고향도 모른 채 시집온 나무들이 깨끗한 무등산에 뿌리를 내려 등산객들에게 시원한 그늘을 남겨주겠지.

우리는 오르다가 힘이 들면 오이를 깎아 목을 축이고 다시 오른다. 무등산 골짜기에서 장끼의 울음소리 한가롭다. 나뭇잎 사이로 하늘이 열리고 드디어 중머리재에 이르렀다. 이곳은 입산이 해제되어 있어서 먼저 올라온 사람들이 많았다. 중 · 고등학생들이 봄 소풍 왔나보다.

지난 가을에 왔을 때 바람에 하얗게 몸부림치던 억새풀 멀리 뼈만 남긴 채 희끗거리고, 그 주위에 녹색 숲 펼쳐져 있어 가을의 정취라곤 찾을 길이 없다.

오늘 일정은 장불재에서 철쭉꽃을 구경하기로 되어 있었는데 한 친구의 관절 통증으로 더 이상 산행을 진행할 수 없어 중머리재에서 녹색 양탄자가 깔린 장불재를 눈으로 보는 것만으로 만족해야 했다. 화무십일홍(花無十日紅)이라 열흘 전에 한 친구 답사 왔을 때 꽃망울 터뜨리며 철쭉꽃 흐드러지게 피었더라고 했는데, 오늘은 철 늦은 꽃송이 등산객들의 서운함을 달래주려는 듯 곱게 피어 있다.

산에서 점심을 먹을 때에는 나무 그늘을 찾지 않아도 구름이 그늘이 되어 준다. 돌 위에 자리를 골라 도시락을 펴는데, 빈 플라스틱 막걸리병 두 개가 바위 틈새에 숨겨져 있고 신문지도 돌 틈에 끼여 있다. 썩지도 않을 물건들에 오염되고 있는 무등산을 어쩌란 말인가. 자리를 털고 일어서려는데 가을에 왔을 때 그랬듯이 소나무 가지에 검정 쓰레기 봉지가 대롱대롱 걸려 있는 게 눈에 밟힌다. 혹시 가을에 버렸던 그 사람의 소행이 아닐까?

가을에나 지금이나 의식이 변치 않는 사람들, 이제는 자기 쓰레기만이라도 담아가는 미덕이 필요한 것 같다. 봉황대를 지나 나무 계단으로 잘 정비된 돌샘 약수터에서 생수 한 바가지 벌컥벌컥 들이킨다. 너덜겅을 지나 원효사로 내려오는 길 좌측 계곡엔 녹색 구릉마다 이팝나무 팔을 펴 꽃향기 자랑하고 있다. 우측 대로변 철쭉꽃 떨어져 내린 자리 따라 핏빛 강물이 흐르고 강물에 얼비친 마음은 꽃물이 든 듯 낙화 속에 젖어 무등산 자락의 절경에 취한다. '무등산 봉우리에 구름만 흐르고 흐르네.' 박기동 작사, 안성현 작곡의 〈부용산〉에 무등산을 대입하여 흥얼거리며 내려오는데 가는 봄날을 아쉬워하듯 구름 낀 하늘에 한두 방울씩 가는 비가 듣기 시작한다.

무등산의 여름

즐겨 찾던 무등산 산행을 중단한 지 일 년 남짓 되는 것 같다. 무릎 관절에 이상이 있어 무등산을 바라보는 것만으로 위로를 받아야 하는가 싶었는데, 오늘은 모험 삼아 여고 동창생 셋이서 무등산 옛길을 따라 오르기로 하고 4수원지에서 내려 청풍쉼터를 찾았다. 오랜만에 파랗게 넘실대는 수원지의 물도 우리들의 산행을 시원케 했다.

오늘은 무리하지 말고 쉬엄쉬엄 내 보조에 맞춰 달라고 주문하고서 무등산 초입에 들었다. 오전 10시경 가장 좋은 산소를 배출한다는 소나무 그늘을 지나 표지판을 따라 올라갔다. 옛길 복원이 쉽지 않았을 텐데 수고하신 분들이 있기에 맑은 공기와 시원한 바람을 쐬면서 나이 든 분들도 가파르지 않은 이 산을 오를 수 있으니 얼마나 감사한 일인지!

하늘은 나무그늘 사이에서 숨바꼭질하고 시원한 바람은 이마에 흐르는 땀을 식혀 준다.

옛 선조들 이곳을 지날 때 빽빽한 산림이 우거져 산짐승도 무서웠을 것 같고 사람도 무서웠을 것 같았다. 울창한 화암산 골짜기에 연초록 아기단풍들이 고사리 손을 펴고 있다. 쌕쌕한 때죽나무 이파리에 숨어 땅을 보고 피어 있는 하얀 꽃이 길 위에 수북이 떨어져 여름 산의 운치를 더하고 있다. 국립공원으로서의 면모를 갖춘 무등산 요소요소에 쉼터도 있고 벤치도 있어 등산객들의 불편을 덜어 준다. 이름을 알 수 없는 나무와 풀들 나름대로 자태를 뽐내고 있지만 그들의 이름을 일일이 불러줄 수 없어 미안한 마음이 든다. 한참을 오르다보니 서어나무 연리지(連理枝)란 팻말 위에 설명문이 있다. 한 나무 가지에 다른 나무의 가지가 맞닿아 결이 같다는 뜻으로 부부애를 상징한다고 했다.

우리는 옛 주막 터에 이르러 평상에 앉았다. 옛 선조들이 이 주막에 와서 쉬면서 마셨을 법한 막걸리와 안주를 대신하여 상큼한 오이와 생수로 땀을 식히며 졸졸 흐르는 계곡 물에 손을 담그니 초여름의 더위가 싹 가신다. 오늘은 온갖 번민 다 잊어버리고 우리들만의 하루를 갖자고 했다.

J가 복사해온 악보를 보면서 양희은이 부른 〈아름다운 것들〉을 합창했다. 아무에게도 방해받지 않은 이 시간이 너무 행복하다.

원효사 쪽은 다음으로 미루고 김덕령 장군 사우가 있는 충장사로 향했다. 평일이어선지 그곳은 한적했다. 말끔히 다듬어진 정원에 예쁜 꽃들이 피어 우리를 반긴다. 우리는 보라꽃 향기를 뿜으며 벤치를 덮고 있는 등나무 그늘에 여정을 풀었다. 벤치 옆에는 어디에선가 바람에 홀씨 하나 날아와 노오란 민들레꽃 한 송이 외롭게 피어 있다. 부모 형제 친구들은 다 어디에 두고 너 혼자 날아왔니?

우리는 각자가 가져온 점심을 펴놓고 허기진 배를 채운 후 후식으로 과일을 먹었다. 아직도 식지 않은 뜨거운 커피를 마시고 나니 행복이 따로 없는 것 같아 마주 보고 웃는다. 학창 시절 앳된 모습들 반백년이 넘어 얼굴은 자글거려도 여고시절 그 모습은 정겹고 허물없다.

J는 오늘도 20년 전에 인쇄된 누우런 표지를 입힌 가곡집을 가져와 여고 시절에 불렀던 친근한 가사를 찾아 노래했다. 독일어 선생님이 가르쳐 주셨던 〈들장미〉며 〈로렐라이 언덕〉를 부를 땐 '독일 돼지' 란 별명을 가진 그 선생님을 떠올리며 깔깔댄다. 주위에 사람이 없으니 음정 박자가 틀려도 개의치 않는다. 나는 음치이지만 음색이 고운 J와 함께 부르니 음치인 내 목소리는 미성에 가려져 내가 들어도 잘 부른 것처럼 들린다. 여고 시절 한 페이지를 여기에 끌어들인 듯 시간 가는 줄 모르고 수다를 떨었다.

우리는 시원한 생수로 칼칼한 목을 축이며 충장사 뒷산으로 올라갔다. 잘 정비된 넓은 묘역 풀잔디 속에서 여기저기 엉겅퀴 자색꽃이 아름답게 피어 낯선 손님을 맞는다. 전에 느껴보지 못한 청순하고 짙은 향기는 고희에 접어든 우리들의 마음을 설레게 한다. 저절로 피었다가 저절로 지고 있는 야생화의 청초함은 사람의 손이 닿은 인위적인 분재보다 자연미가 살아 있어 신선하다. 우리는 자연이 주는 아름다움에 감사하며 묘역이 있는 약간 경사진 언덕 위로 오르니 군데군데 고사리가 쇠어 잎으로 피어 있고, 그 속에서도 늦게 새순을 내민 아기 고사리가 고개를 숙이고 있다. 그 고사리 한 주먹 꺾어 J에게 주니 오늘 저녁 밥상은 고사리 냄새로 풍요롭겠다며 웃는다. 격의 없이 주고받는 우리의 우정은 그때나 지금이나 변함이 없다. 시간이 가는 줄도 모르고 지내다 보니 올라온 지 벌써 5시간이 넘었다. 우리는 서둘러 왔던 길로 되돌아오는데 딸아이에게서 전화가 왔다. 오늘 하루 현실을 망각하고 지내다가 꿈에서 깨어난 듯 원위치로 돌아왔다. 순천에 있는 아들 집에 가자는 것이었다. 아무리 피곤해도 자식 만나러 가자는데야 따라 나설 수밖에 없는 것이 부모 마음인 것 같다.

아침에 산에 오를 때보다 가벼운 걸음으로 귀가하는 길에 산비둘기 한가롭게 울고 나뭇잎 건드리며 부는 시원한 바람 땀 젖은 등줄기를 스친다.

제2부

세월은 강물처럼

풍선 장수

그는 학교 운동회, 시골 장터 등 사람이 많이 모이는 곳에 오색풍선으로 장식한 좌판을 앞세우고 어김없이 나타났다. 풍선 한 개에 오백 원이니 얼마나 팔아야 그의 하루 품삯이 될지 궁금하다. 풍선 하나라도 더 팔기 위해 이곳저곳 찾아다니는 그 사람의 얼굴은 항상 구릿빛으로 그을려 있었다. 운동모자를 푹 눌러 쓰고 피리가 달린 풍선을 직접 불면서 필 -릴리리 필-릴리리 박자 음정까지 맞추어 가면 어린이들이 하나둘 모여들었다. 누구도 의식하지 않은 채 자기 일에 만족하며 최선을 다하는 풍선 장수를 보며 욕심을 버리고 자기 하는 일을 천직으로 여기고 산다면 어떤 불평도 원망도 없으리라는 생각이 든다.

L박사와 풍선 장수는 의사와 환자로 만났었다. 그는 날마다 병원에 들러 치료를 받은 다음 풍선을 팔러 가기도 하고, 어느 날은 풍선을 팔고 나서 퇴근 무렵쯤 병원에 들르기도 했다. 이러다 보니 L박사뿐만 아니라 간호사들과도 친밀해져서 그분이 오지 않은 날이면 무슨 일인지 궁금해 했다.

금남로의 초가을은 쓸쓸하고 을씨년스럽다. 퇴근길 사람들의 발걸음이 분주하고 응혈을 풀지 못한 광주의 지식인들은 저녁이면 선술집을 찾아 오월의 광주를 회상하면서 〈아침 이슬〉이나 〈오월의 노래〉를 부르며 술에 취해 집으로 돌아갔다.

그때의 광주 상황을 겪어본 사람이라면 누구도 이런 사람들에게 돌을

던지거나 제지할 수 없어 동병상련의 아픔을 함께 나누며 그냥 감정 해소를 하도록 놔두는 것이 그들을 위로하고 치유하는 방법이라 생각 했다. L 박사도 예외는 아니었다. 근무가 끝나면 주위의 술친구들과 이런 자리에 끼어 체면과 지위도 상실한 채 어울려 흥분된 분위기를 띄우는 편이었다. 이런 이유로 그를 좋아하는 사람도 많지만 더러는 의사 체면에 먹칠한다고 수군거리며 거리를 두었다고 한다.

그날도 술이 거나하게 취해 집에 돌아오던 L박사는 가로수 밑에서 아직 풍선을 팔고 있는 풍선 장수를 만났다. 그는 좌판에 남아있는 못다 판 풍선을 싹쓸이해서 지나가는 사람들에게 나누어 주고, 금남로 한복판에서 필-릴리리 필-릴리리 피리가 달린 풍선을 불면서 집으로 가고 있었다. 누가 보기에는 박사 체면에 체신머리없는 짓이라고 욕할지 모르지만 꾸미지 않은 천성은 그의 순수한 미덕이고 서민의 애환을 함께하는 진솔한 삶이었다.

어떤 사람에게는 몇 푼 되지 않은 금액이지만 조금 모자라 보일지라도 L박사 같은 사람이 있기에 세상은 삭막하지 않고 훈훈한 인정이 넘치는지도 모르겠다.

어느 날 오월의 광주와 금남로의 애환을 한 몸에 짊어지고 갑자기 타계했다는 박사의 사망 소식이 지방 신문마다 대서특필됐다. 그날도 어느 시골 장터에서 풍선을 팔고 있던 그는 신문을 읽자마자 그 길로 한 시간이 넘는 버스를 타고 부랴부랴 달려와 원장 없는 병원에서 간호사들만 남아 울먹거리는 것을 보면서 "너희 원장 참 훌륭한 분이었다." 눈물을 흘리며 하얀 봉투에 조의금으로 만 원짜리 한 장을 봉투에 넣어 주고 갔다고 했다.

어찌 생각하면 그에게 만원은 하루 20개의 풍선을 팔아야 모을 수 있는 큰 금액이다. 그가 조문하지 않는다고 해도 누가 알며 체면 차릴 입장도 아닌데 스쳐 지나는 이러한 순수한 인연이 가끔씩 내 마음에 잔잔한 파문을 일게 한다. 거리에서 풍선을 파는 사람을 볼 때마다 혹시 그때 그 사람이 아닐까 싶어 유심히 보게 된다.

지금은 세월이 많이 지나 그 이름도 잊었지만 아직도 어느 시골 장터에서 혹은 사람이 붐비는 어린이 공원에서 오색 풍선을 팔고 있을지도 모를 풍선장수의 구릿빛 얼굴이 떠오른다.

황금열쇠

운림골 뒷산으로 오백 미터쯤 오르다보면 호가 영천인 할아버지 한분이 살고 계셨다 우리는 그곳을 영천산장이라 불렀다. 자식들이 모셔가려 해도 굳이 사양하고 혼자서 정원수를 가꾸고 연못을 만들어 물고기와 수초를 키우고 지하수를 이용해 손수 분수대도 만들어 그곳에 산책 온 사람들의 마음을 넉넉하게 했다. 산장 입구에서부터 단풍나무가 아치를 이루어 태양 받이 그늘이 드리워져 있고 가을에는 수채화를 그려 놓은 듯 붉게 물든 나뭇잎들이 아름답다. 할아버지는 무명발명가라 했다. 외발 자전거며 전기밥통 등을 몇 년씩 연구하여 특허를 신청하면 다른 사람이 특허를 도용하여 가져가 버리는 등 일제 강점기에 나라 잃은 설움을 많이 겪고 살았다며 한탄을 하신다. 우리는 주말 오후에 그곳을 자주 찾았다. 밑반찬도 준비해 드리고 밥을 지어 함께 먹으며 음류풍월을 읊으면서 담소를 나누다 보면 어느새 땅거미가 드리운다.

“L박사 마누라 고생 그만 시키고 잘해주게. 자네는 너무 헤퍼서 탈이야. 어려운 사람 돕는 것도 좋은 일이지만 가족들도 생각해야지. 지금까지 집 한 채 없이 남의 셋집만 살어서 쓰겠는가. 아이들도 장성해 가고 있는데….”

할아버지는 자식을 나무라듯이 강하게 말씀하신다.

“네 알겠습니다. 그렇게 하겠습니다.”

무릎을 꿇고 앉아있는 모습이 벌을 서고 있는 어린아이 같아 웃음이 나왔다.

한번은 약주를 조금 드신 후에 가벼운 한숨을 내쉬며 이렇게 말했다.

"나는 이 나이 되어도 먼저 보낸 할멈이 보고 싶어 저녁 으스름 해질녘에 문을 걸고 자리에 누우면 눈물이 주르륵 베개를 적신다네. 젊어서는 일이 바빠서 집사람 고생 많이 시켰지. 지금 생각하면 너무 잘못하여 미안하다는 생각이 들지. 살다보니 조강지처가 제일이여. 남의 사람 들여놓아 봤자 저 영감한테 뜯어낼 것이 무엇일까 계산만 한다네. 남의 여자는 다 소용없는 것이네."

인생을 통달한 듯 체념 어린 할아버지의 주름진 눈가에 이슬이 맺힌다. 노년에 혼자 살면서 천여 평의 산장을 가꾸며 산천초목 사철을 누린다 해도 마음속 깊이 채워지지 않는 그리움과 외로움은 혼자 남은 사람들의 몫으로 남은 것 같다.

이른 아침 L박사는 특별한 날을 제외하고는 할아버지 문안 겸 건강 체크도 해드릴 겸 운림골을 찾았다. 그곳에서 차 한 잔을 마시고 암벽 깊이 호스를 타고 내려오는 생수 한 병 가득 담아 오는 것이 그분의 아침 일과였다.

L박사는 어려서 아버지를 여의어서인지 유별나게 나이 드신 어른들을 공경하고, 접대하는 것이 생활의 즐거움이었다. 날마다 점심 시간이면 칠팔 명의 어르신들을 초대하여 식사를 접대한다.

서예가, 화가, 도예가, 문인, 발명가… 그 외에도 모시는 층이 다양하다. 밖에서 식사를 하다 보니 경제적으로 지출이 많고 음식도 어설퍼 내가 제안한 방법이 집으로 모시는 것이었다. 특별히 맛있는 고기 반찬이 없을지라도 계절 따라 풋풋한 반찬으로 대여섯 가지 준비하고 된장국이나 미역국이나 찌개 정도면 족했다. 계속 접대하다 보니 어느 날은 너무 힘들어 그만두겠다고 투정을 부렸지만 부부는 닮아간다고 하더니, 맛있게 드시는 분들의 흐뭇해하는 모습을 보며 인생의 보람이란 먼 곳에 있는 것이 아니라 아주 작은 것, 남의 기쁨이 내게 기쁨이 될 때 모든 것에 감사할 수 있는 여유가 생기는 것 같았다.

어느 날 영천 할아버지는 자신의 건강에 이상이 있음을 느꼈는지 서둘러 하산하여 우리 집에 오셨다. 가쁜 숨을 내쉬며 악주를 마신 사람처럼 얼굴은 온통 붉게 물들었다. 나는 급히 달려가 할아버지를 부축하여 방으로 모셨다. 할아버지는 자신의 기력이 더 쇠하기 전에 꼭 전해야 할 것이 있기에 나를 만나러 오셨다고 했다.

L박사는 새벽에 운림골을 찾을 때마다 작은 나무상자를 만들어 주머니에 들어있는 지폐뿐 아니라 동전까지 다 털어 상자에 넣고는 할아버지 용돈으로 쓰시도록 했다는 것이다. 할아버지는 그 돈을 도저히 쓸 수가 없어 잘 아는 금방에서 한 냥짜리 황금열쇠를 만들어 자기가 이 세상 떠나기 전에 나에게 전해주어야 하겠기에 내려오셨다면서 빨간 포장지에 싸인 행운의 열쇠를 내밀었다.

할아버지의 떨리는 음성을 들으며 세상엔 자기의 욕심과 영달만을 추구하는 사람이 있는가 하면 순수로 맺어지는 끈끈한 정도 있구나 하는 생각에 눈시울이 뜨거워졌다. 영천 할아버지와 L박사 다 이 세상에 계시지 않지만 그분들이 살다간 노정은 이십여 년이 지난 지금에도 무지개처럼 아름다운 감동으로 남아 있다.

IMF 때에도 사랑의 황금열쇠를 금 모으기에 내놓을 수 없어 한참을 망설이다가 눈 딱 감고 그대로 농지기로 남게 했다.

장롱 깊숙이 햇빛도 보지 못하고 한쪽 구석을 지키고 있는 황금열쇠를 꺼내 보며, 문진으로 더럽혀진 세상일지라도 진주 보석처럼 변하지 않고 서로를 신뢰하는 삶이 아름답구나 싶다.

섬 아이들의 수학여행

보름달이 하얗게 비치고 나무 그림자 창살에 흔들리는 밤, 잠이 오지 않아 뒤척이다가 눈을 감고 가만히 누워 있으면 누구에게나 한번쯤은 잊혀진 일들이 불현듯 떠오를 때가 있을 것이다. 기뻤던 일, 행복했던 일, 슬펐던 일, 다난했던 일, 또 생각하고 싶지 않은 일들…. 하지만 가슴 깊이 소중하게 간직하고 싶은 추억도 있다. 어느 해 아마 1989년 가을쯤으로 생각된다. 진도군 조도읍에 있는 J분교 전교생 16명이 난생 처음 도회지라는 곳에 나들이 오는 날이었다. 무슨 인연이었는지는 알 수 없지만 그분은 J분교 전교생과 인솔 교사 두 분을 광주에 초청하여 수학여행을 시켜주기로 약속한 것이었다.

푸른 하늘과 넓은 바다 위에 갈매기 떼 유유히 뱃전을 선회하는 한가로운 섬마을. 그곳은 바위 숲과 해송이 빽빽이 둘러싸고 있고 천태만상의 크고 작은 기암절벽이 절경을 이루는 청정해역. 점점이 솟아있는 섬들은 새떼가 앉아 있는 것처럼 오밀조밀하다. 그곳 바위 숲에서 바라보는 일출과 일몰은 참으로 가경이라 할 수 있을 것이다. 마을 주민들은 주로 고기잡이와 미역, 김, 톳 같은 해산물을 따서 파는 것이 최소한의 생계 수단이고 육지에 나갈 때는 여객선을 이용해 건어물을 팔아 생필품을 사오기도 한다. 또 화전을 일구어 고구마며 채소를 가꾸어 자급자족하면서 자가 일촌을 이루어 사는 평화로운 마을이었다.

육지와 멀리 떨어진 섬에서 갯바람 소리만 들으며 자연과 더불어 살아

왔던 아이들에게는 이번 뭍으로의 수학여행이 꿈과 희망을 주었을 것이다. 도회지라는 곳은 어떤 곳일까? 도시의 집들은 동화 속의 궁궐처럼 우뚝 솟아 있을까? 아니면 백설공주와 난쟁이 집처럼 그렇게 지어졌을까? 이런저런 생각으로 잠도 이루지 못하고 들떠있을 순진한 아이들의 모습을 연상해 본다. 그들이 도착했을 때 보니 도시 나들이라고 깨끗하게 차려 입은 의복과 용모는 단정했다. 초롱초롱한 눈망울과 해풍에 그을린 얼굴은 어린 시절 바닷가에서 살았던 나에게는 오히려 친근감과 향수를 느끼게 했다.

그런데 걱정거리가 생겼다. 2박 3일의 숙박을 우리집에서 해야 한다는 것이었다. 대지는 100평이 넘었지만 건평이 25평밖에 되지 않는 적산가옥인데다 화장실이 하나밖에 없어 전교생이 숙박하기에는 너무 협소하고 불편한 구조였다. 근처 여관을 구해 보았지만 쉽지가 않아 좁은 대로 우리집에서 잠은 자고 저녁 식사는 옆집 식당에서 하기로 해 그나마 한결 힘을 덜 수가 있었다. 아침이 되니 짐작한 대로 화장실 때문에 집안은 아수라장이 되었다. 화장실 바닥뿐만 아니라 목욕탕까지 소변으로 질척거렸고 오물 냄새가 코를 찔렀다. 급한 대로 사내녀석들은 뒷마당 구석에서 소변을 해결하기도 했다. 준비도 없이 가정집에서 그 많은 어린이들을 초대했다는 것부터 무리한 일이었다. 보통 사람들의 상식으로는 상상도 할 수 없는 일이 우리집에서는 비일비재하게 일어나는 터라 이런 어려운 상황 속에서도 오 남매나 되는 우리 아이들은 불평 없이 감당하는 데 길들여져서 고마운 일이었다.

나는 이른 새벽부터 일어나 20명분의 밥을 준비하고 소고기 국에 생선구이, 아이들이 좋아하는 소시지, 어묵, 햄, 계란찜으로 소란스런 대로 아침 식사를 마쳤다. 간식으로 귤, 바나나, 빵, 과자, 음료수를 차에 실어주고 일차 방문지로 사직공원에 있는 KBS 방송국을 찾았다. 미리 연락을 해두었기 때문에 방송국 직원의 친절한 안내로 이곳저곳을 견학할 수 있었고 아이들이 궁금해하는 라디오를 집에서 들을 수 있는 경로에 대해서도 자세히 설명해 주어서, 아이들의 시청각 교육에 많은 도움을 주었다. 두 번째 방문지는 무등산장이었다. 맑은 가을 하늘과 붉은 단풍이 어우러진 전망대에서 잠시 내려 광주 시가지를 구경했다. 멀리 우뚝 서 있는 빌딩이며 아파트를 처음 구경하는 아이들이 탄성을 지르며 참새 떼처럼 재잘거리는 소리는 가을 산을 뒤엎는 듯했다. 무등산장에서 내려 원효사를 구경하고 내려오는 길에 임진왜란 때 의병장이었던 김덕령 장군의 사우가 있는 충장사를 관람하고 소쇄원이며 그림자도 쉬어 간다는 식영정, 환벽당, 면앙정에서 옛 문인들의 시가에 대한 설명을 듣고 광주 댐 근처에서 점심 식사를 했다.

이런 수학여행이 섬 아이들에게 얼마만큼의 학습 효과가 있었는지는 잘 모르겠지만 객지에서 친구들과 함께 지낸다는 것만으로 그들에게는 즐거운 추억으로 남았을 것 같다.

다음날은 국립 광주 박물관을 관람했다. 고대 역사와 문화를 통해 옛 시대를 알 수 있도록 역사 해설하시는 분은 고려자기며 조선백자 등 시대별 유물과 옛날 사람들이 살았던 시대상에 대해서도 설명해 주었다. 남도의 고대 문화를 어릴 적에 접할 수 있어 이번 박물관 견학은 섬 아이들의 역사 이해에 도움을 주는 최고의 체험이 되었을 것 같다. 수학여행을 마치고 섬으로 돌아가는 날, 그 사이 아이들과 정이 들었는지 매우 짧은 기간이지만 보내는 마음에 아쉬움이 많이 남았다. 그분은 학용품이며 생필품과 상비약까지 꼼꼼히 챙겨주는 자상함도 잊지 않았다. 수학여행을 무사히 마치고 섬으로 돌아간 아이들은 이번 수학여행이 보람 있었고, 많은 감동을 받고 교훈을 얻었다면서 전교생들이 꼬막 같은 손으로 감사의 편지를 써서 보내 주었다.

그때의 섬 아이들 모두 이제는 성년이 되어 가정을 이루었을 텐데 그들이 어린 시절 하얀 도화지에 그림을 그렸듯 순수한 마음속에 선명하고 곱게 채색된 그림 한 장 고이고이 접어 간직하고 있을지도 모르겠다. '그때의 수학여행이 아름다운 추억으로 남아 있노라' 고 그림 밑에 여백을 채우며….

어떻게 16명이나 되는 철없는 아이들을 겁없이 가정에 머물게 할 생각을 하였는지 지금 같아서는 엄두도 낼 수 없었을 텐데…. 그때는 불혹의 나이를 맞은 패기 때문이었는지 아니면 선한 마음에서 우러나온 넘치는 은혜 때문이었는지 자신도 알 수 없는 일이다. 수학여행을 인솔했던 P선생님은 조대 깃대봉 오르는 길에 가끔씩 만난다. 지금은 Y초등학교 교장 선생님이시라고 한다. 바쁜 일상중에 까맣게 잊고 있었던 지난 일들이 문득 떠오르면 고달팠던 한 순간은 조그마한 한 정점에 불과하고 정상을 오른 후에 맞는 상쾌한 산바람처럼 신선한 추억의 단면이 떠오른다. 그 아름다운 한 페이지가 남아 있어, 고즈넉한 밤이면 해풍에 그을린 거무스름한 그때의 앳된 얼굴들 주마등처럼 스쳐 지나가며 미소를 짓게 한다.

이삭 줍는 여인처럼

서재를 정리하다가 세계 명화가 수록되어 있는 오래된 화첩을 발견했다. 그림을 좋아했던 남편이 소장했던 것인데 나는 건성건성 책장을 넘기며 뿌우연 먼지를 털어내다가 눈에 익은 그림 앞에서 시선이 머문다.

파리 오르세 미술관에 소장되어 있는 프랑스 화가 장 프랑수아 밀레가 1857년에 그린 〈이삭 줍는 여인들〉이다. 한가로운 농가에서 세 여인이 이삭을 줍는 풍경을 사실적으로 그려 누구나 보면 쉽게 접근할 수 있는 친근감을 준다. 그림 위쪽 배경에는 추수한 곡식 단이 쌓여 있고 멀리서 말을 탄 지주가 지켜보는 장면도 이채롭다. 밀레는 노르망디의 가난한 시골 농가에서 태어났기 때문에 그림 대부분의 분위기가 아름다운 자연과 목가적인 서정을 내포하고 있다. 그의 그림 〈만종〉에서도 기도하는 부부의 간절함이 노을빛 속에 반사되어 있다.

이 그림을 보니 구약 성경에 나오는 「룻기」가 생각난다. 사사 시대에 유다 베들레헴에 흉년이 들어 나오미는 그의 남편과 두 아들을 데리고 이방 땅 모압으로 이주하여 살면서 두 아들은 모압 여인 오르바와 룻을 아내로 맞이했다. 거기서 10년을 살다가 나오미의 남편과 두 아들이 죽게 되어 나오미는 소생이 없는 두 자부에게 친정어머니 집으로 돌아가도록 권유한다. 오르바는 시어머니를 떠나 자기 고향으로 돌아갔고 룻은 시모를 따라 유다 지방으로 가겠다고 간구한다.

'룻이 가로되 나로 어머니를 떠나며 어머니를 따르지 말고 돌아가라고 강권하지 마옵소서. 어머니께서 가시는 곳에 나도 가고 어머니께서 유숙하시는 곳에서 나도 유숙하겠나이다. 어머니의 백성이 나의 백성이 되고 어머니의 하나님이 나의 하나님이 되시리니 어머니께서 죽으시는 곳에서 나도 죽어 거기 장사될 것이라.'

「룻기」 1장 16절의 말씀이다. 룻의 의지가 간곡한지라 나오미는 더 이상 말리지 못하고 룻을 데리고 고향을 찾아 유다 베들레헴에 이른다. 남편을 잃고 자식도 없는 젊은 이방 여인으로서 시모를 따라 가겠다고 나선 룻을 볼 때 처음에는 아무런 소망도 없는 것처럼 보였다. 가난한 룻은 시모를 봉양하기 위해 보리가리 이삭을 주우러 나오미의 친척 되는 보아스의 밭으로 나갔다. 룻은 거기서 보아스를 만나게 된다. 보아스는 경건하고 인자한 사람이기 때문에 자기 사환으로 하여금 수확할 밀을 다 베지 말고 남겨두어 룻이 이삭을 주을 수 있도록 했다. 결국 이방 여인인 룻은 보아스와 결혼하여 오벳을 낳고 증손자 다윗으로 이어지는 놀라운 왕의 계보가 이방여인을 통해 이루어졌다고 「룻기」에서는 기록하고 있다.

나는 20대 젊은 시절에 신앙생활을 시작했다. 믿음이 신실하고 보아스처럼 경건한 남편을 만나 결혼하여 오십여 년 이상 교회생활을 하면서 이 한길에서 벗어나지 않고 있다. 남편은 홀어머니 밑에서 외아들로 가난하게 자랐지만 고아들을 보면 신발뿐 아니라 겉옷까지도 벗어주고 자기보다는 가난한 친구들의 등록금을 먼저 대납해주는 그리스도의 사랑을 몸소 실천했다고 생전에 시모님은 나에게 말씀하셨다.

인생 사는 동안 누구나 한번쯤은 헐벗고 굶주리고 추위에 떠는 과정이 있었을 것이다. 그럴 때 두 손 모아 기도할 수 있는 사람들은 축복받은 사람이다.

나는 2남 3녀를 기르면서 아이들 등록금이 없어 가슴 조이며 식량을 걱정하면서 남의 셋집에서 살았다. 결혼 후 25년 동안 열다섯 번 이사를 다녔으니 일년 반 만에 한번 꼴로 이사를 한 셈이다. 아이들이 많다고 셋집을 구하지 못했을 때는 비참하기까지 했다. 이처럼 이사하는 데 질린 나는 처음으로 집을 장만한 이 집에서 25년 동안을 줄곧 살아오고 있다.

가난하고 배고픈 사람들을 그저 지나치지 못하는 남편의 천성 때문에 가족들은 늘 힘들었고 그의 월급 봉투는 빈 봉투이기 일쑤였다. 1980년대의 암울했던 비극적인 도시 광주의 아픔을 혼자서 짊어지려는 듯 민주화 운동을 하다가 투옥되거나 해직된 사람들을 음으로 양으로 돌보며 지하에서 판금 도서를 출판하는 출판사를 돕기도 했다. 정치적 소용돌이 속에서 남편은 정신을 놓을 정도로 과음하여 집에 돌아오는 날이 많았다. 나는 아이들 등록금 고지서가 나오면 창피함을 무릅쓰고 등록금을 마련하기 위해 선물로 들어온 양주 두 병을 들고 대인시장에 가서 팔았다.

그 당시에는 양주 값이 꽤 비싸 양주 한 병이면 중학교 다니는 두 아이의 등록금을 하고도 시장을 푸짐하게 봐 올 수 있었다. 이렇게 가난하고 어려운 환경을 겪으면서도 새 날을 주신 주님 앞에 감사하며 내가 아직 받을 만한 그릇이 되지 않았기 때문에 이런 시련이 오는 거라 스스로 위로하게 되었다. '그래 어린 아이에게 금붙이를 주면 엿장수에게 엿으로 바꾸어 먹을 수밖에 없겠지!' 하며 생명이 성숙하기를 기도했다.

그후 은행 빚과 사채를 얻어 병원을 개원하여 내가 사무 일을 맡으면서 개원 후 십년 만에 내 집을 마련하여 큰 아이를 출가시켰고 두 딸은 유학가 있고 큰 아들은 의대에 입학했으니, 고달픔 속에서도 너무 행복했었다. 이 기간이 내 인생의 황금기였던 것 같다. 월말이면 약값이며 직원들 월급이며 은행 이자를 지불하기에 바빠 밤새도록 수작업으로 의료보험을 정산하여 의료보험 공단에 제출했다.

피곤한 줄도 모르고 앞만 보고 달려온 내 삶에 불행은 먼 곳에 있지 않았다. 예측할 수없는 것이 인생살이라, 남편은 하루아침에 심근경색으로 유명을 달리하고 우리 가정은 모든 것이 뒤죽박죽 되고 풍비박산이 났다. 내가 정신을 차리고 보니 빚더미에 싸여 있는 상황에서 아이들과 살길이 막막했다. 오십이 넘은 나이에 생활 전선에서 할 수 있는 일은 아무 것도 없었다. 신문에 난 구인 광고도 찾아 봤지만 젊은 사람들을 찾는 광고뿐이었다. 먼저 살고 있는 아파트와 땅을 매매하기로 하고 등기부 등본을 떼어 봤더니 나도 모르는 사이에 땅은 은행에 저당 잡혀 친구에게 삼천만 원을 빌려 주었고, 남편이 도서지방에 어린이 동화책을 보냈노라고 출판사에서는 천오백만 원을 청구해 왔다. 우리 가족은 나락으로 떨어질 지경에 이르렀다. 앞이 캄캄해 길이 보이지 않았다. 인생사가 너무 야속했다. 밤새 잠을 설치며 샘을 해 보지만 답이 나오지 않았다.

그러던 중에 기이한 일들이 일어나고 있었다. 부동산 경기가 꽁꽁 얼어붙어 전혀 매매가 되지 않았던 때였는데, 생각지도 못한 논이 아파트 부지로 들어가 보상금이 나왔고 남편 몰래 사두었던 대지가 팔렸다. 나는 숨통이 트이게 되어 먼저 여기저기에 어질러진 부채부터 청산했다. 고인에게 누가 되지 않도록 술값이며 그림 값까지 내가 알고 있는 부채는 다 갚았다. 생계가 해결되고 마음이 한결 여유로워지니 자신을 되돌아보게 되었고 새삼 홀로라는 사실을 실감하게 되었다.

그 무렵 나는 마음의 안정을 찾을 길이 없어 두 딸이 유학하고 있는 벨기에로 한 달간의 생애에서 가장 긴 여행을 떠났다. 주말이 되면 아이들은 유레일패스로 프랑스와 독일과 유럽 일부 지역을 구경시켜 주었지만 허전한 마음은 여전했다.

세월이 약이라고 했던가. 유학 후 5년이 되어 두 딸은 음대와 미대를 졸업하여 귀국했고 두 아들은 의대를 졸업했다. 지금은 손자 손녀의 재롱에 나이에 걸맞지 않게 기뻐하며 주님의 은혜에 감사하고 있으니, '내가 비천에 처할 줄도 알고 풍부에 처할 줄도 알아 모든 일에 배부르며 배고픔과 풍부와 궁핍에도 일체의 비결을 배웠노라' 라고 「빌립보서」 4장 12절에서 말씀하신 바울 사도의 고백을 노년에 이르러서야 조금 공감할 수 있게 되었다.

황금 들판에서 이삭을 줍다가 보아스를 만난 룻처럼 자만하거나 오만하지 않기를 배우며 내 남은 생애에 이삭 줍는 심정으로 심령이 가난한 자로 살면서 아이들에게도 남편의 유지를 일깨워 주고 어려운 이웃을 외면치 말라고 일러 주리라.

위대한 유산

우리 집에는 『브리태니카 대영 백과사전』 한 질이 책꽂이에 꽂혀 수십 년을 지키고 있다. 우리 식구 중 어느 누구도 그 사전의 가치나 필요를 느끼는 사람은 없다. 일렬로 꽂혀진 사전 표지에 정교하게 연결된 한편의 그림은 훌륭한 예술 작품으로 그려진다.

1768년 스코틀랜드에서 처음 출간된 이 사전은 영어로 쓰인 가장 오래된 백과사전이다. 소항목으로 된 책이 10권이고 대항목으로 된 책이 19권이며 지식의 개요 1권을 포함하여 총 30권으로 된 책이다.

남편은 1970년경에 이 사전을 20만원을 주고 할부로 샀다. 그 당시 서구 화정동 육군병원 주위의 땅이 평당 500원이었다. 병원 측에서 이 땅을 직원들에게 불하하겠다고 매입하도록 했다. 이 책값이면 땅 400평을 살 수 있었다. 그런데 남편은 땅보다는 이 사전을 선택했다. 재리에 밝은 사람이라면 어느 것이 수지맞는 장사인지 알 수 있다. 지금 그 주위 땅 값이 평당 사오백만 원이니 땅을 샀더라면 엄청난 부를 누릴 기회를 얻었을 것이다. 사람의 생각을 어디에 두느냐에 따라 순간에 인생의 판도가 바뀌는 경우가 있다. 커다란 행운을 붙잡느냐 그렇지 않느냐를 두고 사람들은 흔히 운이라고 말하기를 좋아한다.

우리집 책장에 있는 백과사전은 한 번도 열어보지 않은 채 40여 년이 지났다. 그 책을 무심코 시각적으로 보고 자랐을 우리 애들에게 얼마만큼 교육 효과가 있었는지 알 수 없지만 스스로 위안하는 것은 책 속에서 자랐다는 것이다.

어느 마을에 농사를 천직으로 삼고 살아온 두 가장이 있었는데 한 사람은 농토를 팔아 자식들을 서울로 유학 보냈고 다른 한 사람은 공부는 시키지 않고 농사만 지었다. 그 마을에 개발 붐이 일어나 농토가 주택공사에 수용되는 바람에 농사만을 지은 사람은 엄청난 보상을 받아 갑자기 갑부가 되었다. 그런데 농토를 팔아 유학 보낸 사람은 자식에게 지식을 남겨 주었지만 물질적인 부를 잃었으니 어느 부모가 현명한 선택을 한 것일까? 가치관의 차이이겠지만 아무리 물질만능 시대라 하여도 돈 많은 무식한 사람보다는 가난한 선비에게 후한 점수를 주고 싶다.

대영 백과사전을 볼 때마다 누구 한 사람 거들떠보지 않지만 우리 가족과 희로애락을 함께한 그 가치만은 무한하고 소중하다는 생각이 든다. 우리가 원어로 된 그 사전의 내용을 어찌 다 알 수 있겠는가만 우주 만상이 그 안에 있고 지혜와 지식의 부요함이 가득한 이 책의 기운은 책의 무게만큼 중후한 향기로 피어나 아이들에게 보이지 않는 삶의 지침이 되었으리라 믿고 싶다.

역설 같지만 땅보다는 자리만 지키고 있는 백과사전을 선택한 남편의 우직함이 우리 가정의 위대한 유산으로 남겨진 계기가 되었으니 이것이 현명한 선택이 아닐까?

소장전을 준비하며

무등산에 흰 눈이 떡살 무늬를 그리며 차분히 쌓이는 12월 중순, 나는 20여 년 동안 한 번도 거풍하지 않은 채 보관해 왔던 그림을 꺼낸다. 남편의 숨결이 느껴지는 듯한 저 많은 그림들, 비록 감각 없는 무생물일지언정 이 긴 세월을 골방에 갇혀 있다가 세상 바람을 쏘이게 되다니, 미안하다는 마음이 든다.

가난한 무명 화가로부터 유명 화가들의 그림까지 그들의 전시회 때마다 구입한 그림이 200여 점이 넘는다. 남에게 선물한 그림까지 합하면 배는 될 것 같다. 누가 그림이 맘에 든다고 하면 값 비싼 그림이라도 미련 없이 선물하는 기이한 삶을 살다 간 사람이다. 이들 중에는 작고한 화가들의 그림도 있고 진품인지 가품인지 확인할 수 없는 아주 오래된 서화도 몇 점 있었다.

그는 내 눈치 보느라 그림을 사 와서는 친구 집에 맡겨 놓기도 하고 집에 가져올 때는 선물 받았다고 너스레를 떤다. 나는 그의 아집과 소신을 꺾을 수 없어 알고도 모르는 척 모르고도 모르는 척하다가 나중에는 유화책을 썼다. 어차피 피할 수 없는 선택이라면 마음을 비워 그림이라도 집으로 가져올 수 있도록 화가들의 전시회가 열리면 함께 감상하면서 마음에 드는 그림을 기분 좋게 낙점하고 돌아왔다. 마음을 비워 수용하게 되니 내 마음도 편하고 남편 마음도 홀가분해져서 그림으로 인한 정쟁은 끝났다.

우리 집은 작은 갤러리가 되어 벽 좁은 공간을 그림으로 도배했다. 보름마다 그림을 바꾸어 걸면서 평형을 맞추기도 하고 콧노래를 부르면서 삶의 의미를 찾았던 생전 그의 모습이 아련하다.

인생은 짧고 예술은 길다는 말이 있듯이 사람도 재물도 다 흘러갔지만 손때 묻은 그림 속에 남아 있는 그분의 체취는 내 마음의 지하 감옥에 갇혀 긴 세월 동안 숨막혀 했다. 고인이 된 지 올해로 20주기가 되었다. 나는 광주를 사랑하고 예술가들을 사랑했던 그분의 뜻을 기리기 위해 집에 소장된 그림들을 전시하여 여러 사람들과 함께 감상할 수 있는 기회를 갖고 싶었다.

그래서 평소 독백처럼 써왔던 시를 엮어 『아름다운 인연』이란 시집을 서둘러 내어 소장전과 출판 기념회를 준비했다.

무등현대미술관 J관장님의 도움을 받아 150여 점의 그림을 선정하고는, 12월 19일부터 연말까지 12일간을 전시기간으로 잡아 타이틀을 '문화 · 사랑 · 나눔' 이라고 정했다.

그림의 상태는 비교적 깨끗했지만 부식된 틀이 더러 있어 유리와 틀을 분리하여 찌든 때와 유리의 얼룩들을 세재로 닦아냈다. 부서진 액자와 표구가 안 된 그림은 표구점에 맡겨 새 옷을 입혔다.

남편이 기부한 장학금으로 고등학교와 H미대를 졸업한 K선생님은 밤늦게까지 나를 도와 그림을 손질하여 번호를 붙이고 사진으로 찍어 자료를 남겨 놓기도 하였다. 작업이 끝날 때쯤 되면 자정이 넘는다. 우리 집에서 첨단까지의 거리는 대충 1시간이 걸린다. 눈길에 택시비를 주어도 던져버리고 달아났다가 다음날 다시와 작업을 도와준다. 오픈 일까지 K선생님이 없었다면 혼자서는 너무 힘든 작업이었다.

강산이 두 번이나 바뀐 이 시점에서 1980년~1990년대의 화풍을 선보인다고 하니 각계의 관심이 지대했다. 각 신문사마다 다투어 기사를 써주었고, K신문사에서는 기자가 집에까지 찾아와 취재해 가서 신문 일면에 '금남로의 휴머니스트, 메세나로 살아나다' 라는 제목으로 대서특필하고 3

면까지 할애하여 그분의 삶을 조망하여 실었다.

전시회 첫날 무등산 자락에 눈이 쌓이고 도로가 꽁꽁 언 추운 날씨인데도 20년이 오늘인 양 남편을 알고 지냈던 많은 지인들이 전시회장을 찾아와 그림을 감상하고 방명록에 추모의 글을 남겼다. 멀리 제주대 미대에 계셨던 M교수님과 제주에서 서예가로 활동 중인 B선생님도 동행하여 그때의 일을 회상하며 자리를 빛내 주었다.

'문화통' 의 J대표님은 그의 칼럼에서 이렇게 기술했다. 「기억하고 싶지 않는 과거」란 제목으로 '사람에게는 누구나 한두 가지 기억하고 싶지 않은 과거가 있을 것이다. 화려한 톱스타에게 숨기고 싶은 어머니가 있을 터이고 장군이 된 아들이 아버지가 산지기였다고 말하기 어려운 것처럼 이 자리에 오지 않는 이유는 기억하고 싶지 않는 과거 때문일까? 그래도 전시회가 끝나기 전에 꼭 한번은 들러 순진 무구한 '흑백사진이라도 만져주었으면 좋으련만…' 이렇게 끝을 맺었다.

나는 이 글을 읽으면서 그때의 서운함과 인생의 무상함을 새삼 느꼈다. 그러나 그때 당신이 있어 오늘 내가 있노라고 그 은혜에 감사하다며, 가정대소사나 명절 때마다 잊지 않고 찾아주는 사람들이 있어 소신껏 살았던 당신의 짧은 삶에 고희를 넘어서야 박수를 보내며 위로를 받는다.

전시 기간이 지났지만 무등산에 등산 갔다 전시장을 들리는 사람들이 많아 한 주를 더 연장하여 연초에 막을 내렸다. 방명록에 적힌 '근래에 보기 어려운 소장전을 보여주어 감사하다' 는 격려의 글귀에 온 몸의 피곤이 가신다.

자기에게는 인색하고 남에게 관대했던 한 사람, 겨울에 하얀 눈발을 맞으며 줄무늬 여름 남방을 입고 떨고 서 있는 초상화에서 보듯 세상에서 분주하게 살다간 그의 생애가 너무 안쓰럽고 추워 보인다.

그러나 고사성어에 '호사유피(虎死留皮) 인사유명(人死留名)', 즉 '호랑이는 죽어 가죽을 남기고 사람은 죽어 이름을 남긴다' 는 말이 있듯이 부끄럽지 않는 이름 석자를 남겼으니, 비록 짧게 살다 갔지만 모든 사람들에게 추앙받는 잘 산 삶인 것 같다.

섹소폰 연가(戀歌)

태풍이 한 차례 휩쓸고 간 듯 적막한 공간에 나는 아직 벽에 걸려 있는 그림들을 바라보며 연말연시 2주간의 시간들을 생각하게 된다. 많은 사람들이 다녀갔고 방명록에는 이런저런 추모의 글들이 적혀 있었다.

P교수님 '영원한 비주류(非主流) 빈자(貧者)의 광휘(光輝)를 외면치 않은 술꾼 임춘평'

J교수님 '시간이 흐를수록 더욱 그립고 보고 싶은 선배님!'

S사진작가 '나눔과 배품으로 선한 사마리아인의 삶을 사셨던 임춘평 님의 모습이 그립습니다.'

H화가 '시대가 어려울 때 하나님은 항상 필요한 사람을 애타게 찾습니다.'

P원장님 '그는 창공을 날으는 한 마리의 파랑새였다.'

S청창님 '사랑의 선배님! 아름답습니다.'

K국회의원 '잘 감상했습니다.'

이외에도 수많은 방문객들로부터 '예술을 사랑하는 마음 아름답다'는 격려의 메시지를 받았다.

그 긴 세월 동안 소식이 두절되었던 친지 친구들이 전시장을 찾아와 담소를 나누며 그때를 추억하는 만남의 장이 되었으니, 떠났어도 살아 있을 때처럼 사랑의 가교가 되어 사람들을 한자리에 모이게 하였다.

유명 인사도, 정치인도 아니었는데도 그를 알고 있는 많은 사람들이 끊임없이 찾아와 전시 기간 동안 눈보라치는 겨울을 훈훈하게 했다. 어떤 사람들은 이 많은 그림을 어디에 보관했는지 묻는다. 나는 스스럼없이 가슴에 묻었다고 동문서답을 했다.

한 알의 밀알로 뿌려진 씨앗이 많은 밀알로 결실을 맺을 것이란 믿음으로 이제는 범사에 감사하면서 살고 싶다.

마지막 장막이 내리는 날, 여곡(如曲) 선생의 의대 후배이자 내 동생의 친구인 J교수가 찾아 왔다. J교수는 의사이면서 미술 전시회도 몇 차례 열고 음악에도 조예가 깊은 다재다능한 분이시다.

그는 색소폰으로 가신 분을 위한 진혼곡(鎭魂曲)을 연주하겠다고 손수 음향시설을 가설했다. 관객이 다 떠난 전시장은 을씨년스럽다. J교수는 경음악으로 장엄한 선율과 애절한 득음으로 한 시간 동안을 연주했다. 전시장 안에 울려 퍼지는 색소폰의 바이브레이션에 당신과의 애증의 세월이 차가운 전율로 다가온다. 그 교수의 지긋이 감은 눈과 영혼을 부르는 듯한 애절한 몸짓에 따라 나의 마음에는 주룩주룩 알 수 없는 빗물이 내리고 있었다.

그 시절 푸르던 잎 어느덧 낙엽 지고
달빛만 싸늘히 허전한 가지
바람도 살며시 비켜 가건만
그 얼마나 참았던 상처길래
흐느끼며 떨어지는 마지막 잎새

고인이 된 배호의 〈마지막 잎새〉를 연주할 때 관장님 부부와 나는 무아지경인 채 무대에 선 무희처럼 가만히 팔을 벌려 스탭을 밟으며 레퀴엠의 흐름 속으로 빠져들었다.

죽은 자를 위한 진혼곡이지만 산 자를 위로하기 위한 레퀴엠이라고도 하리라.

소장전 마지막 밤에 울려퍼진 세상에서 가장 훌륭한 J교수의 색소폰 진혼곡은 슬프고도 아름다운 내 남은 생의 한 페이지로 남게 될 연가(戀歌)였다.

어스름 무등산 자락에 사뿐사뿐 눈이 내리고 인적이 끊긴 가로등 불빛은 유리알처럼 반짝이며 빙판길 위로 미끄러져 간다.

*레퀴엠 : 진혼곡, 장송곡

구혼 여행

파도 소리만 철썩거리는 제주도 서귀포 최고급 S호텔에서 나는 밤새도록 그이를 기다리며 잠 못 이루고 있었다. 1965년에 만난 지 두 달 만에 결혼하여 준비도 없이 시작한 신혼살림이라 형편이 어려워 신혼여행을 친정집으로 갔다. 상류층이나 승용차가 있던 시절이라 우리는 예식이 끝나자 곧바로 택시를 대절하여 광주에서 친정집까지 100리가 넘는 비포장도로를 달렸다.

식사도 제대로 못한데다가 긴장한 탓에 속이 울렁거리더니 급기야는 옆 좌석에 앉아 있는 신랑 양복에 오물을 토하고 말았다. 내가 입고 있는 한복 두루마기에도 오물이 묻었다. 신랑은 말없이 손수건을 꺼내어 오물을 닦아주었다. 멀미약을 먹고 올 걸 미리 대처하지 못한 자신이 부끄러워 쥐구멍에라도 들어가고 싶은 심정이었다.

이렇게 신혼여행을 가지 못한 우리 부부는 언젠가 기회가 되면 구혼여행을 가자고 약속했었다. 어느 해에 여행할 기회가 주어져 일본으로 구혼여행을 가기로 하고 비행기 티켓을 예매하고 호텔도 예약해 놓고 꿈에 부풀어 있을 때였다. 하필이면 여행 날짜에 맞추어 전라북도에서 옥중 당선된 야당 국회의원 S씨가 오신다는 연락을 받더니 남편은 우리 여행은 아랑곳하지 않은 채 모든 일정을 취소해 버렸다. 나는 남편에 대한 원망으로 속이 부글부글 끓어올랐고 그의 돌발적인 행동을 이해할 수가 없었다. 나중에 알게 된 것은 옥중에서 쓴 민주투쟁기 『하늘도 알고 땅도 알고』를 출간했지만 판금된 서적이라 도움을 구하기 위해 왔던 것 같다.

이번에 구혼여행을 제주도로 온 것은 그 때의 미안함 때문인지 아니면 친구의 미술 전시회 때문인지 아무튼 명분은 구혼 여행이었다. 결혼한 지 이십 년 만의 화려한 외출이었다. 어디를 가든지 가만두지 않는 친구들 때문에 큰 기대는 하지 않았지만, 밤 12시가 넘도록 돌아오지 않은 남편을 기다리다가 호텔방을 나서 검은 절벽에 부딪치는 파도 소리를 듣자니 쓸쓸하고 서글펐다. 새벽 3시경에 들어온 남편은 만취 상태에서 침대가 아닌 카페트 바닥에 쓰러져 버린다. 두 번씩이나 구혼여행에 바람맞은 나는 다시는 따라나서지 않으리라 마음먹었지만 그래도 측은한 생각에 침대로 올릴 수 없어 이불을 덮어 주었다.

미술 전시회가 끝나 오랜만에 친구들을 만나 마시다보니 그렇게 되었노라고 변명을 늘어놓았지만 이번에는 쉽게 풀리지가 않았다. 다음날은 제주도에 계신 분들이 찾아와 미안해 어쩔 줄 몰라 하는 모습을 보니 더 이상 골낼 수 없어 그들을 따라 관광에 나섰다. 섭지코지, 만장굴, 천지연 폭포, 한림공원이며 난생 처음 보는 비경을 접하다 보니 밤새도록 서운했던 감정이 눈 녹듯이 사라졌다. 우리는 다정한 연인처럼 팔짱도 끼고 사진도 찍었다. 바람처럼 구름처럼 일상에 밀려 바쁘게 살았던 남편과 함께 20여 년 만에 바닷바람을 쏘이며 걷고 있으니 달콤했던 신혼생활이 생각난다.

첫애를 낳고 친정집에서 산후조리 할 때의 일이다. 백리가 넘는 길을 밤 8시에 내려왔다가 새벽 6시에 올라가는 장거리 출퇴근을 거의 일주일에 서너 번은 했다. 혹시 차를 놓치게 되면 광주에서 신북까지 버스를 타고 와서 30리나 되는 밤길을 걸어왔다. 지금처럼 도로가 정비된 길도 아니어서, 버스 한대만 다닐 수 있는 양 옆에 다박한 소나무가 빽빽한 산길이라 낮에도 무서울 정도로 으슥한 길이었다. 사랑에는 국경도 두려움도 없다고 하듯이 남편은 아이가 백일이 될 때까지 이렇게 다녔다.

살다보면 때로는 싸울 일도 있고 서운한 일도 많지만 그럴 때마다 신혼

생활의 달콤한 시절을 생각하면 모든 것이 용서가 된다. 두 번씩이나 구혼 여행을 망쳐버린 남편은 다음에는 하와이로 가자고 나를 달래며 철석같이 약속했지만 우리의 구혼 여행은 영원히 지킬 수 없는 불발탄이 되어 버렸다.

자식들과 함께 제주도에도 가고 호주며 싱가포르, 미국 서부 그랜드캐년, 하와이도 다녀왔지만 아이들의 효심으로도 채울 수 없는 한 구석은 남편의 몫으로 남아 있다.

"내세에 우리 다시 만나거든 구혼여행은 이제 그만하고 신혼여행을 아름다운 성 새 예루살렘으로 가요."

해마다 오월이면

담장에 가시 돋친 줄장미가 붉게 타오르던 1980년대의 오월 금남로는 최루탄과 돌멩이가 난무하는 무방비 상태의 회색지대였다. 데모대와 진압군과의 몸싸움은 거의 날마다 반복되고 최루탄 가스는 눈을 뜰 수 없을 정도로 맵고 따가워 콧물과 눈물이 저절로 범벅이 되었다. 금남로 중심가에 있는 상가와 공공건물 안에는 최루탄 가스를 제거하기 위해 대낮인데도 촛불을 켜 놓거나 심할 경우에는 철시를 하는 상가도 많았다. 금남로 중심에는 도청에서 가까운 가톨릭 센터가 있었고 그 건너편에 허술한 일본식 건물의 병원이 있었다. 데모가 일어나면 최루탄에 찢기고 곤봉 맞아 피가 낭자한 시민군과 학생들이 진압군에 쫓겨 병원으로 뛰어들어 온다. 뒤이어 들어 온 진압군들은 이성을 잃은 듯 인정사정없이 발길질을 한다.

이때 환자들과 간호사들은 벌벌 떨고 있고 L원장님은 진압군을 밀치며 한판 소동을 벌인다. 당신들은 부모 형제도 없느냐, 이 병원에서 빨리 나가라고 호통을 치면 그들은 슬그머니 병원을 빠져 나갔다. 고양이 앞에 생쥐처럼 떨고 있는 데모대들을 안심시키며 원장님은 찢어진 상처를 꿰매주고 치료해 준다. 병원이 딸린 안집에는 언제나 그들을 위한 밥상이 준비되어 있었다. 이런 일이 하루에도 수십 차례씩 일어나기 때문에 이 병원은 상처 입은 환자들을 치료하기 위해 비상이 걸려 있었다.

데모대의 구호와 최루탄이 터지는 혼란의 악순환 속에서 광주 시민들은 면역이 되어 있었고 더운 여름에도 항상 마스크를 쓰고 다녔다. 1980년 이

후부터 문민정부가 들어서기 전까지 광주는 격랑의 물결이 계속 휩쓸고 있었고 오월이면 연례행사가 되어 금남로는 늘 소란스러웠다.

불의를 참지 못하고 데모대에 가담한 학생들은 구치소에서 고문을 당했고 민주 인사들은 학생들을 선동했다는 이유로 잡혀 갔다. 쫓고 쫓기는 불안에 떠는 암흑시대를 겪으면서 민주화 운동에 동참했던 그들의 가족들은 생활의 어려움으로 고통을 당했다. 이분들을 위해 어떤 사람들은 몰래 쌀자루를 놓고 가기도 하고 담 너머로 식료품을 던져주기도 했으며 지인들끼리 십시일반 거출하여 몰래 돈을 전해 주기도 했다

민주화 운동을 하다 감옥에 갇힌 S국회의원은 독재를 폭로하는 책을 냈는데 판금되어 서점에서 팔 수가 없었다.

L원장은 S의원에게 조금이나마 도움을 주기 위해 병원에 책을 가져와 커튼 뒤에 숨겨두고 환자들에게 나누어 주었다. 어려울수록 상부상조하며 내 일같이 일치단결하여 격랑의 한 시대를 이겨낸 광주 시민들. 벌써 금년이 5·18 광주 민주화운동 30주기가 되었으니, 사람들의 기억 속에 점점 잊혀져갈지 모르지만 그날의 총성과 시민군들의 피 맺힌 절규로 얻은 자유를 우리는 결코 잊어서는 안될 일이다.

지금은 돌멩이도 최루탄도 없는 금남로. 도청까지 옮겨간 도시 공동화 현상으로 오월의 현장은 을씨년스럽고, 피 흘린 자국은 흔적도 없어 아무 일도 없었다는 듯 일상대로 돌아가고 있다.

해마다 돌아오는 오월에 오월 정신 계승을 위한 행사를 하고 묘지는 민주화 국립공원으로 지정되어 겉으로 보기에는 많은 것을 얻은 것 같다. 하지만 지금도 찢기고 빼앗기고 상처 입은 유족들의 슬픔은 이 땅에 사는 동안 돈으로도 명예로도 보상 받을 수 없는 깊은 한으로 남을 것이다.

유족이나 부상당한 사람들의 상처뿐 아니라 어쩔 수 없이 상부의 명령 때문에 가담했을 진압군들 또한 참회의 가슴앓이를 하면서 평생을 고통 속에 살고 있을지도 모른다는 생각을 한다.

오월 그날에 억센 가시를 세우며 선짓빛 피를 토했던 줄장미는 30년이 지난 금년에도 어김없이 붉게 피어 있다. 나는 이 꽃을 볼 때마다 암울했던 그해 오월 금남로의 총성이 들리는 듯하다.

말 한마디

무심코 던진 돌멩이에 개구리가 맞아 죽는다는 말이 있다. 말 한마디에 위로를 받고 상처도 받는 것이 우리 연약한 인간이다. 모든 것에 음양의 법칙이 있고 안과 밖, 사랑과 미움, 전쟁과 평화가 있다. 심지어 가정에서도 현처와 악처가 있고 이외에도 상반된 진리가 얼마나 많은가!

세계 삼대 악처를 논한다면 사람들은 소크라테스 아내 크산티페와 톨스토이 아내와 모차르트 아내를 꼽는다. 그들이 악처가 된 데에는 그만한 이유가 있었을 것이다. 훌륭한 남편 뒤에는 대개 음지에서 욕먹는 아내가 있기 마련이다.

소크라테스는 가정 일에는 등한시하면서 만나는 사람들과 철학적인 사상만 논하고 있었으니 어린 자식들과 살길이 막막한 크산티페는 바가지를 긁게 되었을 것이다. 오죽 답답했으면 양동이의 물을 소크라테스 머리에 부었을까.

"너 자신을 알라!"

"반드시 결혼하라 좋은 아내를 얻으면 행복할 것이다. 악처를 얻으면 철학자가 될 것이다."

"천둥이 친 후에는 비가 오는 법이다. 그것은 자연의 진리이다."

이처럼 철학적인 이야기만 하면서 현실을 무시하고 가정을 도외시한다면 악처가 아닐 아내 몇이나 될까?

남편은 나에게 세계 사대 악처 중의 하나라고 놀린다. 그러면 나는 "크산티페가 악처였기에 소크라테스가 철학자가 되었다면? 내가 악처였기에 당신은 사람들에게 존경받는 의학박사가 되었구려!" 쏘아붙인다.

모든 남편들은 자기 입맛에 맞춰 현처와 악처의 기준을 삼는다. 악처가 유명한 철학자나 음악가나 소설가를 만든다는 것은 역설적인 이야기다. 현처도 악처도 그들이 처한 환경이 만든다. 가화만사성(家和萬事成)이라고 가정이 평안해야 남편이 밖에서 마음 편하게 기량을 펼칠 수 있을 것이다. 가정에는 아내라는 존재가 얼마나 귀하고 중요한 존재인가. 남편들이 알아주었으면 좋겠다. 한자(漢字)에 갓머리 아래에 계집여자로 조합된 편안할 안(安)자가 있다. 가정에는 반드시 여자가 있어야 편안하다는 뜻이다.

옛날 어머니 세대에는 여자는 집에서 살림 잘하면서 자녀 교육과 남편 뒷바라지를 잘해야 현모양처라는 이름표를 달아준다. 자기 색깔을 잃어버린 아내들이 벙어리 삼년, 귀머거리 삼년, 눈 멀어 삼년, 석삼년을 살다보니 강산이 다 변하더라고 했다.

요즘 신세대들은 처음부터 맞벌이 부부로 만나 인생을 설계하면서 현명한 삶을 살고 있다. 그러나 각자가 직장에서 시달리다가 집에 돌아오면 대부분 집안일은 아내의 몫으로 남는다. 하지만 서로의 부족한 부분을 사랑으로 채운다면 미루지 않고 가사 분담을 하게 될 것이고 싸울 일도 없을 것이다.

나는 큰아들이 결혼하여 집들이 한다고 초대하여 갔더니 아들이 앞치마를 두르고 설거지하는 것에 놀라 사내자식이 어디 할 짓이 없어 부엌에 들어가느냐고 호통을 쳤다. 십여 년이 지난 지금은 나의 완고한 생각이 조금씩 바뀌어 아내가 힘들 때 서로 도우면서 살아가라고 말한다. 여자는 질그릇처럼 연약한 그릇이기 때문에 말 한마디라도 부드럽게 하라는 당부도 잊지 않는다.

요즘은 남편들이 앞치마를 두르고 부엌일을 해도 부끄러운 일이 아니다. 구태의연한 가부장적인 사상에서 탈피하여 형편에 따라 합리적인 생활을 하는 것이 요즘의 가정 관리다. 사랑받는 부부가 되려면 서로의 인격을 존중하며 생일이나 특별한 날이 아니어도 퇴근길에 화원에 들러 장미꽃 한 송이를 사들고 와 사랑한다는 말 한마디를 한다면 하루의 피곤이 확 풀릴 것이다.

나는 신혼 초기에 시어머님이 중풍으로 거동이 불편하여 대소변을 받아 냈었는데 변기를 들고 대문 옆에 있는 화장실로 가고 있었다. 느닷없이 점심 시간에 남편이 집에 들어왔다. 변기를 든 나를 보더니 어쩔 줄 몰라 하면서 건넨 "미안하다"는 말 한마디가 오십여 년이 지나도록 나를 지켜주는 피로 회복제가 되었다. 말 한마디가 천 냥 빚을 갚는다는 속담이 있다. "미안합니다. 감사합니다. 사랑합니다. 용서하세요." 이런 표현에 인색하지 않을 때 사람 사는 세상이 아름다울 것이다.

남편들이여! 아내를 악처로 만들지 말고, 아내들이여! 남편을 졸부로 만들지 말라. 맘에 맞지 않는 부분이 있을지라도 서로를 사랑으로 감싸주며 길지 않은 인생의 험난한 길, 부부가 함께 헤쳐 간다면 어두운 밤이 지나고 태양은 여지없이 떠오르리라.

제3부

순백의 향기

순백의 향기

60년 만의 강추위라더니 매서운 칼바람이 몰고 온 눈은 마른 나뭇가지에 하얀 꽃을 피우고 멀리 아스라이 보이는 무등산은 순백의 홑이불을 펴 놓은 듯 햇빛에 반사되어 눈이 부시다.

이런 날 중무장하고 무등산에 올라 입석대와 서석대의 설경을 감상할 수 있었으면 좋으련만, 나이 들어 엄두가 나지 않으니 회상의 그곳에 마음이 머문다. 더욱이 지난해에 넘어져 발목 골절을 입고 수술한 팔에 쇠붙이가 들어 있으니 미리 조심하느라 선뜻 나서기가 겁난다.

내 나이를 망각하고 동분서주하면서 부산하게 달려와 황혼의 문턱에 서니 노인이라는 그 자체를 인정하려 들지 않으려 자기최면(自己催眠)을 걸면서 살았던 날들이 민망할 뿐이다. 가벼운 감기만 들어도 면역력이 떨어지고 많이 걸으면 무릎에 통증을 느끼는 걸 보면 거스를 수 없는 세월 속에 기억력 감퇴라는 증상이 내 안에 자리 잡기 시작한 것이다. 평소에 잘 아는 사람인데도 이름이 생각나지 않아 한참동안 골몰하는가 하면 귀중한 물건이라고 깊이 넣어두면서 잊으면 안 된다고 두번 세번 각인시켰는데도 며칠이 지나면 생각나지 않는 경우, 이것이 치매의 시초가 아닌가 나를 불안하게 한다.

이럴수록 잠자고 있는 뇌세포를 쉬임없이 깨워 글로벌 시대에 편승하기 위해 컴퓨터며 인터넷, 이메일 같은 신기술을 배워가고 있다. 건강을 지키며 홀로 고립되어 외롭지 않도록 맘이 통하는 친구와 차 한 잔 마시면서 수다를 떨며 주머니를 열어 재물이 나가도 아까울 것 없는 기분 좋은 노년이고 싶다.

요즘 노인 문제가 사회적 이슈로 대두되고 있다. 노인 수명이 길어지면서 100세까지 사는 사람이 늘어나는 추세라고 하니 젊어서부터 노후 대책을 세워야 될 것 같다.

우리 부모님 세대에는 한 집에서 삼사 대가 함께 살면서 웃어른의 말씀이 곧 법이며 효사랑이 가정의 근간이 되었기에 부모님을 공경하면서 어려운 공동 살림이 대물림되어도 불평불만 없이 숙명처럼 받아들이며 살았었다. 그래서 각자의 노후대책이 필요치 않았으리라. 그러면 1960년대 전후하여 결혼생활을 했던 우리 세대에는 어떠했는가? 다 같이 힘든 생활을 했기 때문에 결혼했으면 남편 뒷바라지와 자식들 훌륭하게 양육하는 것이 현모양처의 본분이라 여기며 살아왔다. 그러느라 노후를 준비할 겨를이 없이 무방비 상태로 노년을 맞고 보니 문제가 심각하다.

산업문명이 빠르게 발전되면서 핵가족 시대로 변천 되었고 부모까지도 가족에서 제외시키는 불행한 현실이 되었으니 생존의 법칙을 터득해야만 노후(老朽)되지 않는 노년이 보장되리라 생각한다.

그나마 직장생활을 하다 퇴직하여 연금을 받는 사람들은 노후가 보장되지만 일시불로 퇴직금을 받아버린 사람들은 경험이 없는 사업에 손댔다가 부도를 맞기도 하고 친구의 빚 보증으로 날려 버리는 안타까운 일들도 내 주위에서 심심치 않게 볼 수 있다. 정함이 없는 재물은 마치 손에 쥐었다가 펴면 날아가 버리는 새처럼 언제 날아가 버릴지 모르는 일이다. 요즘은 노인 복지 시책으로 생계를 위한 기초생활 수급자에게 국가에서 노령 연금을 주는 것이 다행이다. 어떤 친구는 잘난 자식이 평생 보험이라 한다.

나 역시 두 아들에게서 매달 연금처럼 생활비를 조달받고 있다. 받는 사람은 고작일지 모르지만 달마다 고정적으로 지출하는 입장에서는 쉽지 않을 것이다. 어느 땐 염치없고 미안한 생각도 든다. 하지만 내가 생활 능력이 없어서라기보다 오는 정 가는 정이라고 다시 돌려주더라도 자식에게 용돈 받은 재미 또한 쏠쏠하다.

나는 홀로 있지만 자식들 앞에서는 기 죽지 않는 당당한 엄마이고 싶다.

한번은 치과 치료를 받은 후에 임플란트를 하게 되면 비용은 많이 들지만 반영구적이라는 의사선생님 말을 다섯 자녀에게 통보를 했다. "자식들이 이를 해 주어야 건강하게 산다더라"고 했더니 모두 걱정 말고 하라는 것이다.

부모라고 무조건 억지 부리거나 요구해서는 안 된다. 조건 없는 헌신과 사랑으로 자식을 품을 때만이 자식에게 존경받는 부모로서의 권위와 체통이 지켜질 것이다. 가장 좋은 것이 있다면 자식에게 아낌없이 주고 싶은 것이 세상 부모의 마음이다. 인생의 끝자락에 부귀영화 무슨 소용이 있는가! 성경 말씀에 재물이 많으면 번민이 많다 하고 사랑의 빚 외에는 지지 말라고 했다. 내가 알게 모르게 남에게 지고 있는 빚이 없는가 되돌아본다. 다만 노년을 건강하게 살면서 자녀들을 위해 기도하고 자식들에게 짐이 되지 않도록 나의 생활을 찾아 새로운 도전을 시작하고 있는 것이 요즈음의 나의 삶이다. 요즘 나는 평소에 내가 하고 싶었던 문학 공부를 찾아 새로운 도전을 하고 있다. 믿음에 더하여 시와 수필을 쓰면서 독서 삼매경에 빠져 순백의 향기를 날리며 노년을 맞이할 수 있는 행운을 붙잡았으니 남이 보기에는 화려하지 않을지라도 이 생활이 아름답지 않는가!

'문청염검신' 이라는 매미의 오덕을 새기면서….

★문청염검신(文淸廉儉信)

文 ; 매미의 입이 곧게 뻗은 것은 선비의 갓끈이 늘어진 것을 연상케 하므로 배우고 익혀 선정을 베풀라는 것이고

淸 : 이슬이나 나무진을 먹고사니 맑음이요

廉 : 농부가 가꾼 곡식이나 채소를 헤치지 않으니 염치가 있고
檢 : 다른 곤충과 같이 집이 없으니 검소하고
信 : 늦가을이 되면 때를 맞추어 죽으니 신의가 있다.

아직도 동강에는 슬픔이

‘수필문학 21회 하계 세미나’ 에 참석하기 위해 《수필문학》으로 등단한 여고 동창생 삼인방이 설레는 마음으로 새벽 5시에 우등고속에 올랐다. 일단 동인들과 합류하여 목적지인 강원도 영월에 가는 것이 초행길에 헤매지 않을 것 같아 서울행을 택했다.

나는 지난해에도 문학기행을 갈 기회가 있었지만 혼자서는 용기가 없어 주저앉고 말았다. 늘그막에 문학공부를 하게 된 우리들에게는 이런 기회를 갖는 것이 커다란 행운이며 노년을 아름답게 보낼 생활의 활력소가 된 것 같아 기쁘다.

버스 차창에 장맛비가 스치고 젖어 있는 초목은 갓 목욕을 한 듯 싱그럽다. 동석한 k와 나는 서울에 도착하기까지 추억의 강을 쉴 새 없이 건너며 학창시절로 갔다가 결혼 생활로 갔다가 장장 오십여 년의 삶을 넘나들다 보니 어느새 강남 터미널이었다.

우리는 집결지인 현대백화점 옥외주차장에서 기다리고 있는 문우들을 만나 버스 두 대에 나눠 타고 강원도 영월로 향했다. 처음 보는 얼굴들이라 낯설지만 같은 생각을 가져서인지 이내 친해질 수 있었다.

말로만 듣던 단종 유배지인 영월에 발을 딛게 되니 감회가 남달랐다. 중학교에 다닐 때 〈단종애사〉라는 영화를 단체 관람했었는데 어린 나이에 왕위에 올라 숙부인 수양대군에게 권좌를 빼앗기고 낯설고 물선 영월 땅 청령포에 유배되어 민가와 단절된 고산절벽에서 슬피 우는 단종의 생애를 보며 얼마나 울었었는지! 며칠 동안 단종의 환영에서 벗어나지 못했던 기억이 난다. 비록 역사 속 열다섯 소년이었지만 그와 함께 울었던 열다섯 소녀가 고희를 넘어서야 단종이 잠든 실제의 장릉 앞에 서니 눈시울이 뜨거워진다.

우리 일행은 영월군에서 파견된 문화관광 해설사로부터 후세에 전해오는 단종에 대한 슬픈 일화를 자세히 들을 수가 있었다. 단종은 이씨조선 6대 왕으로 17세에 숙부인 세조에게서 사약을 받은 비운의 왕이다. 그의 시신은 굽이쳐 흐르는 동강에 띄워지고 시신을 거둔 사람은 삼족을 멸한다는 어명으로 누구 한 사람 돌볼 수 없었지만, 호장 엄흥도가 시신을 거두어 암매장했었다고 한다. 후에 19대 숙종 때에야 암매장했던 지금의 이곳을 찾아 단종을 왕위로 복원하고 왕릉으로 정비하여 능호를 장릉이라 불렀다는 단종애사에 모두가 숙연해졌다.

물기 젖은 잔디에 덮인 비명에 간 단종의 묘역을 향하여 45도쯤 비스듬한 적송 한 그루 허리 굽혀 읍하며 오백년 한을 달래 주고 있었다.

장릉 건너편에는 이삼 년 전에 정순왕후 송씨의 묘역에서 옮겨 심었다는 가냘픈 소나무 정영송(精靈松)은 정순왕후의 눈물인 양 촉촉이 젖은 채 서있었다. 몽매에도 그리운 임 곁에서 늘 푸른 소나무로 자라 지척에서 서로 마주 보며 한 맺힌 지난 세월을 보상이라도 받으라는 후세 사람들의 배려였을까?

단종은 관음송 가지에 걸터앉아 부인 송씨가 있는 궁궐을 바라보며 어제시(御製詩)를 지었으며 자규루에서 자규시(子規詩)를 지어 읊으면서 자신의 처지를 한탄했다고 한다.

어제시(御製詩)

천추의 원한을 가슴 깊이 품은 채
척박한 영월 땅 황량한 산 속에
만고의 외로운 혼이 홀로 헤매는데
푸른 솔은 옛 동산에 우거졌구나
고개위의 소나무는 삼계에 늙고
냇물은 돌에 부딪쳐 소란스럽다
산이 깊어 맹수도 득실거리니
저물기 전에 사립문을 닫노라

자규시(子規詩)

원통한 새가 궁중에서 나온 뒤로
짝 잃은 그림자 되어 깊은 산 속 헤맨다
밤마다 틈타 잠들려 해도 이루지 못해
해가 가고 또 와도 한은 끝이 없구나
새소리 멈춘 새벽 멧부리에 달빛만 희고
피눈물은 봄 골짜기에 낙화처럼 붉구나
하늘은 귀먹어 애달픈 하소연 듣지 못하는지
어찌 수심 많은 내 귀만 홀로 밝은지

삼면이 고산절벽에 갇혀 외롭고 슬픈 날들을 시로 달래며 짧은 생을 마감한 단종의 어제시와 자규시를 음미하며 장릉을 뒤로 하고 오솔길 계단을 내려올 때 뿌연 안개가 시야를 가려 나를 어지럽게 한다. 역사의 영욕과 흥망성쇠가 뜬구름 잡는 것과 같음을 새삼 느낀다.

청령포는 이번 장맛비로 물이 불어 위험수위라서 다음 기회로 미루고 예정되었던 별마로 천문대 방문도 시간이 맞지 않은 관계로 취소되었다.

동강 '시(詩)스타(star)' 리조트에 도착한 문우들은 여장을 풀고 4시에 하계세미나 강의실에 모였다. 주제는 '자연생태와 문학' 이었다. 연사로 나오신 강석호 회장님의 강의를 들으면서 인상적이었던 것은 강의 내용도 좋았지만 자연을 소재로 한 수필을 예로 들어 집필한 수필가가 직접 나와 낭독한 경이었다. 그렇게 함으로써 혼자서 처음부터 끝까지 하는 강의보다는 지루함이 없고 감명도 더한 세미나였던 것 같다.

다음날은 난고 김삿갓 문학관을 찾았다. 죽장에 삿갓 쓰고 방랑 삼천리를 유람했던 그는 전라도 화순까지 내려와 일생을 마쳤으니 가는 곳마다 그의 해학과 풍자시에 힘없는 민초들이 감명을 받았으리라.

강원 지역에 산사태와 빗길 교통사고 뉴스가 전해지고 아직도 200mm 이상이 더 내린다는 기상예보에 나는 내심 걱정을 했다. 그러나 이동중에 가끔 소나기는 오락가락했지만 안전을 지켜주시라는 이자야 편집장님의 간절한 기도가 하나님께 상달되었음일까 하늘도 비를 비껴갔다.

문학기행을 마치고 돌아오는 길, 단종의 한을 품은 동강은 빗물인지 눈물인지 아직도 슬픔을 삭이지 못하고 그 긴 세월을 굽이굽이 흐르고 있었다.

눈 오는 날의 초상

오늘처럼 눈보라치는 날, 빈 가슴 스며드는 솔바람, 빛바랜 창호지 한 장으로나마 막아주는 그런 사람이 곁에 있다면 군불 지핀 시골 사랑방처럼 따뜻한 겨울을 날 수 있을 것 같다. 하염없이 쏟아 내리는 눈송이는 잿빛 하늘이 뻥 뚫린 듯 그칠 줄 모르고 베란다 창 너머 보이는 무등산도 눈꽃에 덮여 아스라이 멀리 보이는 날이다. 눈이 많이 내리는 해는 풍년이 든다는데 정초부터 이렇게 쏟아 부으니 금년에는 농부들의 그늘진 주름살 펴 줄 풍요로운 들녘을 볼 수 있을는지?

작년 이맘때 누군가와 눈을 맞으며 정처 없이 걷고 싶은 생각에 동행해 줄 친구를 찾다가 S에게 전화를 했다. “언니 그래요. 정문에서 만나요.” 내가 부르면 언제나 마다하지 않고 달려와 주는, 나를 친언니처럼 따르는 S가 머뭇거리는 기색도 없이 선뜻 나서는 걸 보면 그도 나처럼 이런 분위기에 젖어 있었나 보다. 같은 아파트에서 사는 그녀를 만나면 어린 시절 고향 친구를 만난 듯 정겹고 기분이 좋아진다.

우리는 등산복 차림으로 완전무장하고 버스로 너릿재를 막 지나 산 입구에서 내렸다. 누구 한 사람 지나간 흔적이 없는 산길은 하얀 시루떡을 부어 놓은 듯 반반한 그 위에서 금방이라도 무럭무럭 김이 오를 것만 같다. 등산화를 신었는데도 발목 위로 푹푹 빠지는 눈길을 헤집고 오르는 데 앞뒤 분간할 수 없이 내리치는 눈보라는 씽씽 부는 찬바람을 비껴간다. 벼랑 끝자락에 위태롭게 서있는 노송 한 가지 너무 많이 쌓인 눈 무게 이기지 못하고 쭉 찢어진 채 고개를 떨어뜨리고 있다. 저만큼 자랄 때까지 비바람 눈보라 만고풍상 다 겪고 자랐을 텐데 아프다는 감정도 표현할 수 없는 안쓰러움에 마음속에 간직한 하얀 붕대 풀어 칭칭 감아 싸매주고 지나친다.

이 길은 봄이면 길 양편에 벚꽃이 만발하여 상춘객을 불러오고 여름이면 시원한 그늘로 드리워 있어 산책길로 자리를 내어주고 있다. 봄날에 파릇파릇 연한 돌나물 캐러 왔다가 향긋한 어린 쑥도 함께 캤던 때가 엊그제 같은데 벌써 겨울의 중턱을 넘고 있으니 세월의 무상함을 새삼 느끼게 된다.

너릿재 터널이 뚫리기 전에는 이 길은 좁고 수 길 낭떠러지여서 겨울에는 교통사고가 빈발한 지역이었다. 지금은 거의 차는 다니지 않고 등산객들이 즐겨 찾는 곳이 되었다.

눈발은 더 기세를 부리고 씽씽 부는 바람 나뭇가지 흔들어 우리들의 머리 위에 한 무더기 눈 뭉치를 퍼붓는다. S는 발에 힘을 주지 않으면 그대로 날아가 버릴 것 같다면서 병아리처럼 내 가슴을 파고든다. 이처럼 한 발자국도 걷기 힘든 눈보라 치는 고갯길을 무슨 청승으로 오르는 것일까? 오늘 이 한날이 지나고 나면 이런 날들이 아름다운 추억으로 남겠지.

화순에서 광주로 넘어 가는 시군 경계표도 오늘만은 하나인 듯하고 길가에 세워진 시비 위에도 눈 무덤이 덮여 형체만 남아있다. 이렇게 뒤덮인 삼라만상은 세상에 있는 모든 아픔과 고통, 미움과 시기, 악하고 더러운 것들까지 얼룩진 무늬 다 지우고 잠시나마 하얀 눈처럼 순수한 마음으로 돌아가는 것 같다. 내 마음은 순백의 화선지 위에 눈 내리는 날의 초상을 수채화로 그려 본다. 우리는 팔짱을 낀 채 바람에 날리는 등산모를 머플러 풀어 고쳐 묶으며 서로를 보고 웃는다. 하얀 입김이 눈 위에 퍼지며 연기처럼 사라진다. 〈얼굴〉이란 노래가 입가에 맴돈다.

동그라미 그리려다 무심코 그린 얼굴
내 마음 따라 피어나던 하얀 그때 꿈을
풀잎에 연 이슬처럼 빛나던 눈동자
동그랗게 동그랗게 맴돌다 가는 얼굴

동그라미 그리려다 무심코 그린 얼굴
무지개 따라 올라갔던 오색빛 하늘나래
구름 속에 나비처럼 나르던 지난날
동그랗게 동그랗게 맴돌다 가는 얼굴

오늘도 그날처럼 앞이 안 보일 정도로 하얀 눈이 온 땅에 전율하며 내리고, 멀리 물 건너로 이사 간 S의 얼굴이 눈송이 속에 아른거린다. 그때 너릿재에서 천지를 분간할 수 없이 휘몰아치던 눈 오는 고개길을 걸으면서 하얀 잇속 드러내고 웃어 보이던 정겨운 얼굴이 보고 싶다.

(2008. 12.)

비망록 속의 약속

부부가 만나 20년 해로하면 천생 연분이라 한다. 그래도 우리는 25년 함께 살았으니 백년해로는 아닐지라도 천생연분이라 할 것 같다. 미운 정 고운 정 희로애락 함께 하면서 살아온 부부인지라 인생의 갈림길에서는 생전에 못다 한 회한이 가을 낙엽처럼 차곡차곡 쌓이고 무쇠를 올려놓은 가슴은 피멍이 든다.

벽에 기대고만 있어도 살아있음이 행복하고 개똥밭에 굴러도 이승이 저승보다 낫다고 한다. 부부가 인생의 동반자로 만나 서로 사랑으로 허물을 덮어주고 상처를 싸매주며 오손도손 살다가 미련 없이 후회도 없이 함께 이 세상 떠날 수 있다면 그러한 삶이 금슬 좋은 부부로 행복한 삶을 마쳤다고 말할 수 있을 것이다.

어느 초가을 아침 갑작스런 한순간을 나는 잊을 수가 없다. 어떻게 손을 쓸 사이도 없이 심근경색이란 진단도 받기 전에 그분은 짚불이 사라지듯이 그렇게 숨을 멈추었다. 같이 사는 동안 병원 한번 가보지 않고 겨울에도 냉수욕으로 건강을 과시하던 사람이 하루아침에 사랑하는 가족과 친지들을 남겨두고 훌훌 떠나가고 말았다. 그날 아침에도 여고 동창 부부 접대를 집에서 하자고 전화를 하고 난 뒤 삼십 분도 되지 않아 부음을 전해들은 친구들은 농담일 거라며 믿지 않았다고 했다. 황망히 병원으로 옮겼지만 그 길로 유명을 달리하고 다시 돌아올 수 없는 강을 건넌 것이다.

나에게 생사의 갈림길이란 것이 이렇게 찰나에 오리라고는 꿈에도 생각하지 못했다. 몇 달만이라도 병수발을 하면서 지쳐 있었다면 미련 없이 보낼 수 있을까? 나는 황당한 생각에 고개를 내저으며 가슴에 통증을 느낀다. 얼굴을 들고 나다닐 수 없는 홀로된 자의 슬픔은 차라리 주홍글씨의 형벌이었다. 죽고 사는 것은 순서가 없다고 친구들은 나를 다독이지만 그런 위로는 나와는 아무런 상관이 없는 공허한 메아리로 돌아왔다. 이런 불행이 비단 나만의 일은 아니겠지만 홀로 서야 하는 세월이 멀고 험해 망망대해에 서서 보이지 않는 주님의 손 꼭 붙잡고 그 힘 의지하며 여기까지 걸어왔다.

그날 이후로 나는 여고 동창 부부 모임에 여러 가지 핑계로 참석하지 않았다. 그러던 작년 가을쯤인가, 연말에만 가졌던 부부 모임을 앞당겨 야외로 가기로 한 것이다. 내가 총무로 재정을 맡았기에 어떤 핑계도 댈 수 없어 버스를 대절하여 보성 녹차 밭을 구경하고 점심은 녹동에서 생선회로 하기로 했다. 많은 세월이 흘렀지만 부부 함께해야 하는 이런 날엔 먼저 생각나는 사람. 함께 지낼 땐 소중한 줄 모르고 지내다가 떠나고 나서야 가슴에 묻고 사는 사람인 것을 후회해도 소용이 없다.

청명한 가을 하늘을 이고 잘 정돈된 녹차 밭을 보노라니 평소 집에서도 다도를 갖추어 녹차를 내려 주던 그의 다정한 모습이 녹차 밭 구릉을 따라 푸르게 푸르게 일렁인다.

나는 문득 그날 그 아침이 생각났다. 황망이 떠나면서 지키지 못한 남편의 약속을 대신 지켜 드리고 싶었다. 17년 만의 약속 비망록 깊숙이 빛바래 읽을 수 없도록 흐려져 있을지라도 동창 부부를 접대하고 싶었던 그분의 마음의 약속을 지킬 수 있는 기회를 놓치지 않고 싶었다. 많이 늦은 감이 있지만 지금이라도 사랑의 짐 내려놓게 됨을 감사하며 무디어 버린 세월을 흔연스럽게 웃으면서 동창 부부를 접대했다. 그래도 지울 수 없는 그날의 슬픈 기억은 섬광처럼 스치며, 아직도 아물지 않은 나의 가슴은 엉겅퀴 잔가시에 찔린 듯 아려 온다.

부부는 모름지기 길동무로 만나 비단옷 입고 함께 밤길 걸으면서 서로 손 잡아 주며 기댈 수 있는 언덕 있어 감사하며 맘 상할 때 한발 뒤로 물러서서 역지사지(易地思之)해야 한다. 그러면 서로 이해하고 사랑하면서 화목한 가정을 이루어갈 수 있지 않을까.

여전히 지구는 자전과 공전을 반복하면서 궤도를 이탈하지 않고 가듯이 우리에게 주어진 삶도 주님께서 부르실 때까지 일탈하지 않고 최선을 다해야 할 것이다. 붉게 타는 노을을 뒤로하고 돌아올 때 새삼 나만이 혼자라는 생각이 들어 안개가 시야를 가렸지만 혼자이거나 둘이거나 종착역은 한 곳이니 남은 여생 열심히 살아가라는 음성이 들리는 듯하다.

(2007. 11.)

K선생의 미소

불혹을 훌쩍 넘긴 K선생은 이제 어엿한 두 아이의 아빠가 되었다. 단정하고 후리후리한 체격에 입가의 미소는 누가 보아도 정직하고 고지식한 선생님의 전형이다.

"K선생 이제 그만 찾아와도 돼. 나 자네 마음 다 알고 있네."

L박사의 교훈이라면서 명절 때마다 그는 제철에 나오는 과일 한 상자를 무겁게 사들고 18년 동안을 한 해도 거르지 않고 우리 집을 찾아온다. 명절에 찾아와서는 큰 절을 올리겠다고 우기며, 그만두라고 말리는 나의 거절에도 아랑곳하지 않은 채 덥석 마루에 무릎을 꿇고 엎드려 인사를 한다.

"박사님이 아니면 제가 어떻게 이만큼 바르게 자랐겠습니까? 박사님 생각하면 저에게는 평생을 잊을 수 없는 은인이십니다."

K선생은 편모 슬하에서 어렵게 공부하는 상고생이었다. 지인으로부터 K선생을 소개 받은 L박사는 K선생이 고등학교. 대학교를 졸업할 수 있도록 도움을 주었다. 그는 K선생뿐만 아니라 형편이 어려운 학생이 있으면 대학 교수님들의 추천을 받아 한 학기에 이삼십 명의 학생들에게 장학금을 주었다. 미리 등록금을 마련하지 못할 때는 신용금고에서 일수를 내어서 갚아 가기도 했다. 남을 돕는다는 것은 여유 있는 사람들만 하는 일은 아닌 것 같다. 자기 형편이 어려울지라도 스스로 가난하기를 자처하며 남에게 자신을 쏟아붓는 사람은 타고 난 성품을 가진 사람인 것 같다.

L박사는 작업복 바지에 잠바 차림이거나 줄무늬 남방이 해질 때까지 입

고 다니는, 자신에게는 너무나 인색한 사람이었다. 평생 본인 결혼식 때와 큰애 결혼식 때 또 꼭 필요한 행사가 아니면 양복을 입지 않았다. 양복을 입으면 남의 옷을 빌려 입은 것 같아 편치가 않다면서 평상복을 즐겨 입는 소탈함과 서민적인 인상 때문에 사람들은 쉽게 마음을 열었다. 겉으로 보기에는 성격이 호탕하고 풍류를 즐기는 사람 같지만 내면은 여리고 드라마 속의 슬픈 장면에 몰래 눈물을 훔치는 가슴이 따뜻한 사람이었다.

그는 홀어머니가 돌아가셨을 때 불효를 한탄하며 한 달 가량 베개 깃을 적시는 가슴앓이로 머리카락이 빠지기 시작하여 군의관으로 복무중 의가사 제대를 했었다. 그때 이후로 그는 성글성글한 머리를 가리기 위해 언제나 중절모를 쓰고 다녔다.

사람이 두 주인을 섬길 수 없듯이 밖으로만 마음을 쏟다 보니 집안은 가난하고 어렵게 살았었다. 사춘기를 맞은 딸아이는 우리 아버지가 의사 맞느냐며 다른 친구 집에는 없는 것 없이 다 있는데 우리 집은 왜 이렇게 어렵게 살아야 하느냐며며 마음 상해 했다. 그럴 때는 아이를 달래며 파도에 씻긴 진주는 더 아름답다고 이해시켰다.

아무리 남에게 선을 행하고 뭇 사람의 선망의 대상이 된다 할지라도 한편으로 치우쳐 균형 잡히지 못한 삶을 꾸려간다면, 가족들에게는 남모르는 아픔과 고통을 안겨주는 것은 명약관화(明若觀火)한 일이다. 그럴지라도 이러한 삶에 좌절과 손실만 있는 것은 아니다. 어려운 환경을 통과하면서 인내를 배우고 절약과 절제가 자녀들의 산교육이 되었기 때문이다.

K선생은 처음 시골 학교에 발령받았을 때나 시골에서 광주로 전근 왔을 때에도 자기 부모님에게 하듯이 예쁜 속옷 한 벌을 사와 그해 한겨울이 참 따뜻했다.

남에게 은혜를 입으면 가끔은 그 때 일이 생각나 전화도 하고 마음으로 감사하여 한두 번 찾아가 인사치레도 할 수 있겠지만 K선생은 다르다. 그 긴 세월 한결같이 찾아와 옛날처럼 청자 다기에 따뜻한 녹차 한잔 마시면서 가신 분에 대한 보답인 양 은혜 입었던 일들을 추억하곤 한다.

"은혜를 베푸는 사람은 돌려받기 위함은 아니겠지만 어려울 때 도움을 받았으면 다른 사람에게 돌려주어야 하는 것이 사람으로서의 도리가 아니겠어요."

베푸는 사람의 기쁨과 보람을 L박사에게서 배웠노라며 K선생은 쑥스럽게 웃는다.

자소란(子素蘭)

여고 부부 모임에서 봄나들이를 가기로 했다. 평소에 나는 부부 모임이란 말만 들어도 마음 문을 닫아 버린다. 남편 떠난 지 20년이 넘었으니 훌훌 털어 버리고 함께해야 하는데도 선뜻 나서지 못한 것은 잊고 지냈던 그날이 가슴 아리며 떠오르기 때문이다.

세월호 참사로 모든 국민들이 트라우마에 빠져서 계획하고 있던 여행 일정을 취소하거나 뒤로 미루는 분위기이다. 중고등학교에서도 평생 추억으로 남을 수학여행을 줄줄이 취소했다.

우리 모임은 고심 끝에 하루 일정으로 24인승 버스를 대여하여 임자도 튤립 축제에 가기로 했다. 나는 혼자이기 때문에 부부 모임에 가는 것을 망설이게 되는데 Y에게서 전화가 왔다. 내가 가지 않으면 자기도 가지 않겠다는 것이었다. 반 협박조의 이런 말이 빈 말인 줄 알면서도 못 이긴 척 슬그머니 따라나섰다.

봄기운이 온 누리에 스물스물 퍼지는 오월 초, 자연은 국가적 재난에도 아랑곳하지 않은 채 가는 곳마다 봄꽃이 화사하게 피어 짓눌린 내 가슴을 촉촉이 적신다.

우리 일행은 이른 아침 광주를 출발하여 신안군 지도읍 점암면에서 녹슨 철부선을 타고 임자도로 향했다. 승선하기 전에 여객선 터미널에서는 신분증을 철저히 검사했다. 아마 세월호의 참사로 여객선마다 비상이 걸린 것 같다. 승선하여 망망대해를 바라보니 세월호와 함께 가라앉은 생사를 확인 못한 탑승객들이 생각나서 가슴이 아프다. 한치 앞도 알 수 없는 우리의 나날이 안개 속을 걷는 것 같지만 사람들은 자연스럽게 일상을 잘도 지낸다.

30분쯤 지나 목적지에서 내린 다음, 가지고 온 버스를 타고 축제장에 도착했다. 축제기간이라 가는 곳마다 튤립 모양의 조형물들이 축제 분위기를 띄운다.

천사의 섬 임자도는 깨알처럼 작은 섬들과 '아들 자(子)' 자 모양의 작은 섬들이 많은 데서 유래되었고 사질토(砂質土)에서 자생한 깨가 많이 자라고 있어 깨섬이라고도 부른다고 한다. 임자도 전장포에서는 발이 고운 새우젓을 토굴에 저장하여 판매한다고 하는데 우리나라 생산량의 60%를 생산한다고 하니 기회가 있으면 한번 가보고 싶다. 임자도는 섬이지만 대체작물로 대파, 양파, 마늘, 삼채를 재배하여 농가 소득을 올리고 관광객 유치를 위해 튤립 동산을 만들어 지자체의 위상을 높이고 있으니 누구나 한번은 여행할 만한 곳인 것 같다.

축제장에 들어가기 전에 K와 나는 꽃길로 조성된 대광 대수욕장 백사장 갓길을 걸었다. 아직 바닷물이 차가워 해수욕을 하는 사람은 없었다. 이 백사장 길은 길이가 12km나 된다고 하니 멀리 가지 못하고 십오 분쯤 걷다가 먼저 입장한 일행들을 찾아 행사장으로 들어갔다. 뒤늦게 입장한 K와 나는 활짝 핀 튤립 동산에 마음을 빼앗기며 임자도의 봄을 만끽했다.

튤립의 꽃말은 색마다 다르다고 한다. 노랑 튤립은 짝사랑, 백색 튤립은 실연, 붉은 튤립은 영원한 사랑이라고 한다. 야생화처럼 가냘프거나 애틋하고 청순하지는 않지만 요염한 자태를 뽐내며 무리무리 조성해 놓은 튤립의 향기가 코끝에 머문다. 튤립 동산을 지나니 새우란 상설 전시장이 눈에 들어온다. 여러 종류의 새우란이 이름표를 달고 전시되어 있었다. 주최측에서 새우란의 다른 이름 짓기 공모를 하고 있었다. 나는 방명록에 새우란의 다른 이름을 임자도의 아들 자(子)에 깨끗한 이미지를 주는 흴 소(素)를 써서 자소란(子素蘭)이라 불러 주었다.

자소란(子素蘭)

천사의 섬 임자
자소란 향기 숨죽이더니
듈립동산 꽃여울에
새우란 꽃울대 피어나네

풍상에 갇힌 섬 기슭
초승달 구름 속에 저 혼자 가고
척박한 사질토(砂質土)에 뿌리 내린
외롭게 피어나는 자소란(子素蘭)이여

소금기 머금고 흩뿌리는
신안새우란 소소한 향기
꽃잎 자욱자욱 그리움 담아
너는 나에게 자소란이 되었다

노오랗게 핀 새우란에 자소란이란 이름을 붙여주고 돌아오는 길에 고창 청보리 밭을 찾았다. 물결치는 푸르름에 흠뻑 젖어 우울한 마음 털어 버리니 오늘 하루가 나에게는 의미 있는 날이 되었다.

'내가 그의 이름을 불러 주었을 때 그는 나에게로 와서 꽃이 되었다' 는 김춘수 시인의 「꽃」이란 시를 음미해 본다.

기다려 주지 않은 세월

나이가 들수록 밤에는 숙면 시간이 짧아지고 옛날 어려웠을 때의 일들이 주마등처럼 스친다. 남편은 의가사 제대 후 양림동에서 D병원이란 간판을 내걸고 동네병원으로 개원했다. 20평 남짓한 친구 집 문간채를 개조하여 겨우 기본만 갖추어 개업했는데 입소문을 타고 환자들이 찾아와 성업 중이었다. 그러던 중 2년이 채 되지 않아 서울에서 사는 선배란 사람이 찾아와 서울에서 개원하면 승산이 빠를 거라고 바람을 넣었다. 귀가 얇은 남편은 부랴부랴 이곳을 정리하여 아무 연고도 없는 서울로 올라갔다. 먼저 사람이 많이 왕래하는 봉천동 사거리에 병원 장소를 물색하여 한 달 만에 h의원이란 이름으로 두 번째 병원을 개원했다. 그곳은 판잣집들이 즐비해 있는 달동네여서 주로 노변장사로 하루 벌어서 하루 사는 사람들이 많았다. 하루에도 수백 명이 왕래하는 등 겉보기에는 목이 좋은 곳이었다.

겨우 자리가 잡혀갈 무렵 고향 선배는 진료 과목에 산부인과를 추가하라고 권유하면서 산부인과 여의사라는 분을 소개했다. J여사는 산동네로 왕진도 다니고 만삭이 된 임산부의 출산을 돕기도 하여 그곳 사람들의 인정을 받았다. 나는 끼니 때가 되면 병원 식구들 밥을 챙겨주고 아이들 돌보기에 지쳐 있었다. 거기에다 광주에서 올라온 사람들을 병원 입원실에서 재우기도 하고, 직장이 없는 어떤 사람은 병원 일을 돕는다고 아예 눌러 있기도 했다. 1년이 지나자 단골 환자도 생기고 병원에 대한 이미지도 좋아 객지에서 자리가 잡혀갈 무렵 돌발사고가 발생했다. J여사가 돕던 산동네 임산부가 출산을 하다가 잘못되어 사산을 하게 되었다. 이 사건으로 인하여 뒤늦게 J여사가 산부인과 의사가 아닌 돌팔이 산파임을 알게 되었다. 모든 것이 선배의 말만 믿고 이력서도 받지 않고 채용한 남편의 불찰이었다. 그 길로 J여사는 자취를 감추어 버렸고 아이를 사산한 부모는 우리 병원을 상대로 과실치사로 소송을 걸어왔고, 우리는 무면허 의사를 고용한 잘못으로 여지없이 병원 문을 닫았다. 병원 임대료와 살고 있는 전세집을 정리하여 보상을 해주고 빈털터리로 광주로 내려와 사글세 4만 원짜리 단칸방에서 온 가족이 살았다. 남편은 바로 C대학병원 피부과 교수로 임명을 받아 새로운 삶을 시작했다.

주인집 아줌마는 아이들을 키우는 데 많은 도움을 주었다. 내가 손이 못 미칠 때 밥도 먹여주고 울면 업고 동네 한 바퀴 돌다가 아이를 재우기도 했다. 이 어려운 와중에 다섯째를 임신했다. 남편은 자기가 외아들이라 외롭더라면서 아들 하나 더 낳아 형제끼리 의좋게 지내게 해주자고 욕심을 부린다. 나는 아들 낳는다는 보장도 없지만 남편이 원하는 대로 아들이든 딸이든 주님께서 나에게 주신 선물임을 받아들이며 낳고 보니, 천우신조로 둘째 아들이었다. 남편의 기뻐하는 모습을 보니 산고도 기쁨이었다. 2남 3녀면 어떠하리! 저 먹을 복은 태어날 때부터 가지고 나온다고 했는데 그리고 아빠가 의사인데 아이들 못 가르치랴 하는 자신감이 생겼다.

남편이 출근하고 나면 나는 집에서 소일거리를 찾았다. 요지에 은박지 꽃술을 달아 주는 작업을 틈나는 대로 해서 반찬값에 보태기도 했다. 대학교수라고 하지만 생활은 여전히 힘들었다. 치료비가 없어 발을 구르는 환자를 보면 병원비를 대납해주고 가난한 입원 환자에게 도움을 주다보면 어려움은 고스란히 가족들의 몫으로 남게 된다. 점심 때 동료들을 집으로 데리고 와서 식사를 하게 되면 그나마 밖에서 지출하는 돈을 아낄 수 있어 소찬이지만 기쁘게 접대할 수 있었다.

세월이 지나가면 기쁨도 슬픔도 속절없이 지나가고 계절이 바뀌고 또 그 계절이 돌아오듯이 내 나이 고희를 넘고 보니, 희로애락(喜怒哀樂)도 흘러가는 구름 같으며 삶의 마침표가 눈앞에 가까워짐을 느낀다.

첫눈이 펑펑 쏟아져 내리는 날 나는 전화번호가 없는 카톡 한 통을 받았다. 아득한 옛날에 들었던 희미하게 기억되는 이름, 우리가 서울에서 실패하고 내려왔을 때 세들어 살던 주인집 아저씨 이름 같았다. 나는 아무 생각 없이 답신을 보냈다.

"s아빠 아니신가요? 나는 누구 엄마인데 소식이 궁금해 여쭙습니다. 맞으면 연락 주세요." 주인집 아줌마의 은혜가 생각나 진즉부터 찾고 싶었는데 결례인 줄 알면서도 이런 메시지를 보냈다. 바로 전화가 왔다. 얼마나 반가웠는지 몰랐다. 내가 어려웠을 때 도움을 입었던 사모님이 보고 싶어 사모님 잘 계시느냐고 안부부터 물었다. 6개월 전에 소천하여 담양 천주교 묘지에 안장했다는 것이었다. 너무 안타깝고 무슨 귀중한 것을 잃어버린 듯 허전함이 분분히 내리는 눈발처럼 나를 어지럽혔다. 그래서 나는 가신 분에 대한 헌시를 써서 그분의 남편에게 보냈다. 이것이 내 마음이라고….

기다려 주지 않는 세월

삼십대 젊은 시절
남의 셋집에서
이남삼녀 기르며 힘들어할 때

내 자식처럼
울면 얼려주고
밥 먹여주고
기저귀 갈아주던
인자하신 주인집 아줌마

고희가 지나
잊고 지낸 세월 되짚어 보니
문득 그 얼굴 떠오르네
보고 싶은 사람
꼭 한번은 만나야 할 사람

여섯 달 전에 소천했다는 슬픈 소식에
은혜 입은 자 빚진 자로 남아
회한이 강물처럼 흐르네

기다려 주지 않은 세월
조금만 조금만
내일 있다고 미루다가
기회를 놓쳐버린 후회
영영 갚을 길 없어

품고 있던 파랑새 한 마리
눈 내리는 잿빛 하늘에
연기처럼 날려 보내며
당신의 명복을 빌어주네

기다려 주지 않은 세월은 덧없이 흘러가고 있나니, 더 늙기 전에 그동안 은혜 입었던 사람들, 생각을 더듬어 찾아뵙고 감사하다는 말이라도 전할 수 있다면 얼마나 좋을까. 그렇게 되면 하루하루 아까운 생의 귀로에 서서 후회 없는 마침표를 찍을 수 있을 텐데….

찬란한 슬픔의 봄날

사월로 접어든 첫 휴일에 가족들과 함께 강진 영랑 생가를 찾았다. 차창 너머 스치는 벚꽃은 만개할 준비로 여민 옷섶을 벙그리고 있다. 날씨는 화창한데 봄을 시샘하는 쌀쌀한 바람은 애매한 곁가지만 흔들어댄다. 오랜만에 큰아들과 함께한 여행길에 오붓하게 모자간의 정담을 나누니 그지없이 행복하다.

호주에 유학 가 있는 며느리와 손자들의 장래에 대해서도 많은 이야기를 나눴다. 귀국하면 다시는 떨어져 살지 말라고 당부도 했다. 기러기 아빠로 사는 아들이 안쓰럽고 늘 마음에 걸린다. 불혹을 넘겼는데도 아들을 대하는 나의 태도는 딸만 셋 낳고 아들을 낳았을 그때의 설레던 그 마음인 것 같다. 이제는 어엿하게 한 가정을 책임지는 가장으로서 본분을 다하고 있으니 안심해도 좋으련만….

아들과 정겹게 이런저런 회포를 풀다보니 어느새 영랑 생가에 도착했다. 대문에 들어서니 넓은 행랑채와 안채가 눈에 들어온다. 아직 모란이 피기 전이고 이른 시간이라 방문객은 우리 가족뿐이었다. 관리인도 보이지 않아 우리가 주인 행세를 하며 생가의 이곳저곳을 기웃거리며 영랑의 삶을 조망해 본다.

마당에 모란나무가 수십 그루 심겨져 있었는데 새로 조성된 듯 영랑이 살았을 때의 해묵은 나무는 별로 많아 보이지 않았다. 마당 가득한 모란은 연한 잎사귀들만 무성하고 유두처럼 맺혀 있는 꽃망울은 새아씨처럼 부끄러운 듯 젖몸살을 앓고 있었다. 한 달쯤 지나면 영랑이 읊었던 시 구절처럼 오월 어느 날 그 하루 무덥던 날 떨어져 누운 꽃잎마저 자취도 없어지는 허무를 맛볼 것이다.

우리는 찬란한 슬픔의 봄날을 기다리는 시인의 간절함을 담은 돌비에 새겨진 「모란이 피기까지는」을 음미했다. 사위는 격조있게 시를 낭송하고 딸은 「오매 단풍들것네」를 낭송하면서 익살을 부린다.

"엄마!"

"왜?"

"그 어려운 시절에 영랑은 한가롭게 툇마루에 앉아 오매 단풍들것네 하면서 풍류를 읊었겠네"

"그랬겠지."

"가난한 농민들은 오매 쌀독에 쌀 떨어졌네 했겠지?"

보리고개를 힘겹게 넘겼던 그때의 어려움을 신세대인 너희들이 어떻게 알겠니! 딸은 그저 웃을 뿐이다.

영랑은 앞마당에 화려하게 핀 모란꽃을 보면서 시상이 떠올라 시작(詩作)을 했을 것이다. 장광에 골 붉은 감잎이 날아왔다고 했는데 그때의 감나무는 어디에 있을까 하고 찾아 봤더니 장광에서 머지않은 곳에 고목이 되어 파릇파릇 연한 싹을 틔우고 있었다. 바람에 흔들리는 나뭇가지 하나에서도 시상을 끌어오는 그의 천부적 감성이 불후의 명작을 남긴 것 같다.

나는 뒤란으로 돌아가 대숲으로 둘러싸여 있는 약간 경사진 언덕배기에 무척 오래된 듯한 동백나무 대여섯 그루가 지붕 키 높이로 자리잡고 있는 것을 보았다. 찬란한 모란 대신에 재래종 동백꽃이 뚝뚝 떨어져 대숲을 붉게 물들였다. 화려함보다 쓸쓸함이 영랑의 삶을 조명하고 있었다.

본명보다 필명이 더 잘 알려진 영랑의 시는 곰삭은 황토 음식처럼 세월이 지나도 독자들에게 서정적인 감성을 불러일으킨다. 47세의 젊은 나이에 불후의 명시를 남기고 타계한 영랑의 생애를 아쉬워하면서 모란이 찬란하게 필 무렵 영랑을 사랑하는 시객(詩客)들이 찾아와 모란이 뚝뚝 떨어져버린 봄날을 노래하겠지!

교정에서 키운 문학의 꿈

바다가 보이는 작은 시골 마을에서 유년시절을 보낸 나는 그곳에서 초등학교를 졸업하고 k여중에 입학하게 되었다. 언니들이 결혼하여 광주에 살고 있었기 때문에 따로 하숙하거나 자취를 하지 않고 학교를 다닐 수 있어서 다행이었다. 시골집에서 호롱불이나 촛불 밑에서 공부하다가 환한 전깃불이 공부방을 밝혀주니 천지 개벽이라도 된 듯 모든 것이 신기하고 놀라웠다.

시골뜨기 소녀가 도회지로 유학하여 학교생활이 낯설고 두려웠지만 차츰 적응해 가면서 k여중을 졸업하고 모든 여학생들의 선망의 대상이었던 c여고에 무시험 전형으로 입학하게 되었다. 대부분의 친구들은 여중에서 여고로 바로 올라왔기 때문에 숫기 없고 낯설기만 한 나와는 대조적이었고 사뭇 당당하고 활기가 넘쳤다. 단정하게 교복을 차려 입은 전교생이 우등생처럼 보였다. 나는 전학 온 학생처럼 기가 죽어 쉽게 어울릴 수가 없었다. 그들과 눈높이를 맞추려면 밤잠을 설치고 열심히 공부를 해야 했다. 등하교(登下校) 길엔 손바닥 안에 넣을 수 있는 수첩에 영어 단어를 빼곡히 써서 외우고 다녔다. 차츰 성적도 오르고 친구도 여럿 사귀게 되었다.

지금도 나는 고1 때의 짝꿍 친구를 잊을 수가 없다. 텃세가 심한 학교생활에 잘 적응할 수 있도록 자기 집으로 초대하여 맛있는 음식도 함께 먹고 숙제도 도와주었다. 쉬는 시간이면 사춘기 여학생들이 누구에게 말할 수 없는 슬픈 고뇌와 자기 집안의 복잡한 사연까지 숨김없이 이야기하면서 근시안경 너머로 눈물을 닦아내던 Y, 나는 그 애 때문에 보람된 여고 시절을 보내면서 성숙해 갔다.

우르르 몰려다니며 과목마다 다른 교실을 찾아 이동수업을 했던 일이며 방과 후에 히말라야시다 그늘에 앉아 문학 작가가 되고 싶다는 작은 소망을 빌어 뜬구름에 실어 보내기도 했던 일이 생각난다. 삼년 동안의 학창 시절이 아름다운 추억을 먹고 살기에 충분한 자양분이 되었다.

특별활동 시간에 나는 문예반에 들어갔다. 국어 선생님이신 주기운 선생님의 지도하에 명시를 감상하며 시도 쓰고 수필도 쓰고 희곡도 써서 교지에도 실었다. 여학생들에게 인기가 많았던 선생님은 자상한 총각 선생님인데다 그의 눈가에는 언제나 웃음이 가득했다. 그분의 처녀 시집『그늘』은 서정시로 사춘기 여학생들의 감성을 자극했다.

그 후 선생님의 소식을 까맣게 잊고 지냈는데 우리 큰아들이 k중학교에 다닐 때였는데 주기운 선생님이 교장선생님으로 부임했다는 소식을 들었다. 그 학교 육성회장으로 있던 남편은 나의 은사님을 집으로 초대하여 스승과 제자 사이에 30년 만의 반가운 해후를 주선해 주었다. 많은 세월이 지났지만 인자하신 선생님의 눈가의 웃음은 여전했다. 선생님을 뵙고 나니 여고 시절에 심어 놓았던 문학의 꿈이 다시 꿈틀거리기 시작했다. 씨를 뿌리면 언젠가는 움이 트고 잎이 나고 꽃이 피고 열매 맺어 수확하는 것이 자연의 순리이다.

나는 뜻하지 않게 어떤 계기가 주어져 문학 공부를 시작하게 되었고 수필과 시로 등단하여 내가 원했던 시집도 내게 되었으니, 내 젊은 시절에 심어 놓았던 꿈이 늦게나마 발아하여 꽃이 핀 셈이다. 일년초가 아닌 반백년 만에 싹이 튼 씨이기에 내게는 늦둥이 아이이듯이 더 사랑스럽고 소중하다. 비록 노련하게 글을 쓰지는 못할지라도 늘그막에 순수하게 만난 친구들과 문학 활동을 하면서 내 안에 숨 쉬는 작은 불씨 살려 알알이 올올이 직조하여 아름다운 의복에 날개를 달아주고 싶다.

깃대봉에서 새벽을 여는 사람들

삼 년 전 가을 친구의 소개로 새벽에 기공 체조를 하는 깃대봉 동호인이 되었다. 새벽 5시가 되면 핸드폰의 모닝 콜 소리에 부시시 일어나 산행을 한다. 신선한 공기를 마시듯이 주님을 호흡하며 어둑어둑한 산길을 오르다 보면 철탑이나 팔각정을 다녀오는 부지런한 사람들을 만난다.

"안녕하세요?" "좋은 하루 되십시오." 생면부지 처음 만난 사람도 서로 인사를 주고받으면 낯설지가 않다

집에서 2km쯤 오르면 조대 깃대봉에 이른다. 자연 그대로 손질하지 않은, 완만하게 경사진 도로는 나이든 사람들도 무리가 없는 산행 코스다.

깃대봉 입구에는 커다란 바위 하나가 수호신처럼 떠-억 버티고 있다. 잔디가 깔린 100여 평의 운동장 주변에는 누구나 쉴 수 있는 나무 벤치와 운동 기구들이 구청의 배려로 놓여 있다. 또 가장자리로 빙 둘러선 각종 나무들은 자기 나름대로의 색깔들을 자랑하고 있다.

벚꽃이 피고 지면 아카시아 향기 날리고, 진녹색 녹음이 한풀 꺾이면 차일처럼 드리운 청자빛 하늘을 이고 오색 무늬로 채색된 단풍나무 옷 주섬주섬 갈아입는다. 겨울에도 청청한 댓잎나무 하얀 눈꽃 무게에 힘겹단 말도 할 수 없어 고개만 푹 숙인다.

이처럼 사철이 아름다운 무등산. 어머니 품속같이 다사롭고 우람한 산이 우리 곁에 있다는 것이 산을 사랑하는 무등인들에게 크나큰 축복인 같다.

정각 6시가 되면 회원들과 함께 강사님의 구령 소리에 따라 국기에 대한 경례로 시작하여 기공체조를 한다. 한 시간 정도 땀을 뻘뻘 흘리고 체조를 하고 나면 몸과 마음이 가볍고 상쾌하여 오늘 아침에도 보약 한재 먹고 가노라고 즐겁게 웃는다.

기체조 회장님은 80세가 넘은 연세에도 작달막한 체구에 깃대봉을 오르내리는 것을 보면 청년처럼 건강하시다. 누구나 회장님 앞에서는 자기가 나이 들었다고 말하는 사람이 아무도 없다.

새벽이면 남보다 이삼십 분 먼저 올라와 잔디를 손질하고 깃대봉 앞에 화단을 가꾸어 꽃씨를 뿌리고 봉숭아, 채송화, 나팔꽃, 족두리꽃 등 각종 꽃들을 모종하여 심어 여름 내내 꽃을 피우며 오가는 사람들의 시선을 머물게 한다.

어느 날에는 댓잎 뿌리를 뽑아내고 칡넝쿨을 걷어낸 자리에 대여섯 평의 땅을 일구어 우리에게 채소를 심도록 선물로 주셨다. 우리는 재미삼아 그곳에 들깨 씨를 뿌리고, 한 켠엔 총무님이 고구마 순 마디를 잘라 심었다. 보름쯤 지나 들깨 순이 돋았다. 너무 촘촘한데다 거름기가 없어 잎이 누렇게 떠있다. 우리는 어린 순을 솎아내고 풀을 뽑고 자갈도 골라냈다. 새벽에 올라올 때는 음료수병 가득 물을 담아와 깻잎 위에 뿌려보지만 날씨가 가문데다 땅이 말라 별 도움이 되지 않았다.

막상 자신이 겪어보지 않고는 다른 사람의 심정을 알 수 없듯이 처음 발을 들여놓은 농사에서 비를 안타깝게 기다리면서, 천수답을 바라보는 농부의 마음을 헤아려 본다. 얼마 지나자 비도 오고, 퇴비도 주었더니 깻잎은 너풀너풀 잎을 뜯어 먹을 수 있을 정도가 되었다. 주인의 관심에 따라 그만큼의 소출이 나온다는 말이 맞는 것 같다.

깻잎이 자라면 깃대봉 회원들은 단합대회 겸 깻잎 축제를 열기로 했는데 여의치 않아 그만두고 누구나 필요한 만큼 뜯어 가도록 했다. 한 잎 한

잎 뜯을 때마다 깻잎 특유의 녹색 향기가 온 몸으로 스물스물 젖어 들어오는 듯하다. 운동이 끝나면 몇몇 회원들은 깻잎을 한줌씩 뜯으면서, 산에서 자란 완전한 무공해 야채 덕분에 집에서 점수 따게 되었다고 기뻐한다.

가을쯤 되어 고구마 수확도 하게 되었다. 밑이 그렇게 많이 들지 않았지만 회원들이 하나씩 먹을 수 있는 양이었다. 어느 회원이 자원하여 우리가 수확한 고구마를 쪄 왔다. 따뜻한 고구마와 막걸리, 김치까지 곁들여 회원 간의 우의도 다지고 깻잎 축제 대신 고구마 축제로 새벽을 열었다. 여러 사람이 공동으로 작물을 재배하여 수확의 기쁨을 공유하는 것도 우리의 일상을 풍요롭게 한다는 것을 실감할 수 있었다.

추운 겨울 담벼락에 돋아나는 작은 풀잎 속을 파고드는 따스한 양지처럼 아늑한 깃대봉을 오르면 그 시간만은 걱정도 근심도 다 날아가 버리고 나도 모르는 사이에 건강도 지켜지는 우리의 일상이 마냥 행복하다. 남에게 요구하기보다, 자신에게는 엄격하고 다른 사람에게 관대함을 배우며 나이 들어도 곱고 단아하게 항상 변함없는 무등산을 닮아 가고 싶다.

제4부

향수에 젖어

아들의 동물 사랑

금남로의 도심에서 새벽마다 울어대는 닭 울음소리에 이웃집에서는 잠을 잘 수 없노라고 전화가 온다. 1980년대 오월이라 낮에는 데모대를 향해 쏘아대는 전경들의 최루탄 연기로 견딜 수가 없는데, 새벽이면 닭 울음소리에 깊은 잠을 잘 수 없으니 밤낮으로 이중고(二重苦)를 겪고 있다는 것이다. 이러한 시대적인 상황 속에서 모든 사람들은 신경이 날카로워져 있기 때문에 서로에게 조심하지 않으면 하찮은 일에도 감정이 폭발하고 만다.

큰아들이 초등학교 다닐 때 학교 앞에서 사 온 병아리가 성계(成鷄)가 되어 장닭의 본성을 드러낸 것이다. 아들은 학교에서 돌아오면 모이를 주고 젖은 신문지를 갈아주며 지극 정성으로 기르더니 한 마리가 살아서 사과상자에서 커 날개가 돋고 장성하게 되었다. 이 닭이 사과 상자를 뛰어 넘어 마루와 방을 휘젓고 다니면서 지저분한 오물로 온 집안을 더럽히며 말썽을 피운다. 이런 닭이 귀엽다는 듯 물끄러미 바라보는 아들을 보면 닭의 말썽도 쉽게 용납하게 된다. 날이 갈수록 목청을 높여가는 닭 울음소리에 이웃집에서 전화는 하루가 멀다 하고 온다. 나는 이웃집에 더 이상 피해를 줄 수 없어 하루는 아들의 허락도 없이 닭을 잡아 시장에 가지고 가는데 학교에서 돌아와 실망할 아들의 얼굴이 떠올라 마음이 아팠다.

상황이 이렇다보니 어쩔 도리가 없었다. 쓸데없는 말인 줄 알면서도 닭집 주인에게 닭을 잘 길러 달라고 부탁까지 하고 그 곳에서 닭 한 마리를 사와 아무 일도 없었다는 듯 닭죽을 끓여 학교에서 돌아온 아들에게 주었다. 낌새를 챈 아들은 닭죽은커녕 밥도 먹지 않은 채 펑펑 울어댔다. 감정이 여리고 잔정이 많은 아들을 위로하며 이웃집에 피해를 주기 때문에 어쩔 수 없었다고 달랬다.

그 이후에도 아들은 봄이면 학교 앞에서 병아리를 사다가 길렀지만 매번 죽었고 그럴 때마다 병아리를 땅에 묻으면서 우는 것을 보면 모질지 못한 아들이 안쓰러웠다.

아파트로 이사한 후 대학에 들어가서도 아들의 동물 사랑은 계속되었다. 이번에는 새장을 들여 놓고 십자매와 잉꼬, 백문조를 기르면서 참고서적을 봐가면서 새끼 새를 부화하여 새 가족을 늘려갔다. 동틀 무렵 요란스럽게 지저귀는 새소리는 식구들의 잠을 설치게 했다. 취미가 그러니 냄새나고 베란다가 지저분해도 가족이기에 불평 없이 지냈다. 그런데 군대에 가면서 새들과 둥지 일체를 새 장사에게 주고 제대 후에는 찾아오지 않았다.

아들에게 "너는 의대보다는 수의대가 적성이 맞은 것 같다" 하면, "그럴 걸 그랬어요." 맞장구를 친다.

결혼하고 분가한 후에는 애완견을 사와 새끼까지 낳게 되어 사람의 발자국 소리에도 짖어대는 개소리에 주민들의 눈치가 보이고, 집안에 미세한 개털이 날아다녀 아이의 건강에 해롭다고 누누이 말했더니 개와 새끼를 애견사에 넘겼다고 했다. 이제 아들은 동물을 기르는 취미를 접어두고 주말이나 공휴일에는 가족들과 함께 지내며 가족들에게 사랑받는 가장이 되어가고 있으니 보기에 좋다.

아직도 미련을 버리지 못한 듯 아들은 아이들이 장성하면 전원주택에서 예쁜 정원을 가꾸고 자기가 좋아하는 애완견이나 각종 새를 기르고 싶단다. 여유로운 전원의 정서를 느끼며 새벽에 닭 울음소리를 듣고 일어나서 하루를 시작하는 낭만적인 꿈이 이루어지기 바란다.

서리와 벨튀

시골에서 유년 시절을 지냈던 사람들에게는 한번쯤 수박서리나 참외서리를 했던 경험이나 친구들이 몰래 서리해 온 수박이나 참외를 먹었던 기억이 있을 것이다. 어스름 달밤에 남의 밭에 들어가 친구는 망을 보고 몇 친구는 채 익지도 않은 풋과일을 주섬주섬 망태기에 가득 따오는 것이었다.

만약 주인에게 발각되면 다리야 날 살려라 하고 도망간다. 그러다가 잡히기라도 하면 장난이려니 하고 눈감아주면서 익거든 따 주겠다고 타일러 보낸다. 가난했지만 과한 욕심 부리지 않고 인심 좋았던 시골 사람들, 도둑을 도둑으로 여기지 않았던 시절이었다. 더 나아가 한겨울 농한기의 사랑방에서 머슴들은 새끼를 꼬기도 하고 덕석과 가마니를 짜기도 하면서 한편에서는 화투판을 벌리기도 한다. 그럴 때는 남의 집 닭장을 덮쳐 닭서리를 해와 술판을 벌린다. 아침이 되면 동네가 발칵 뒤집히는데 살쾡이에게 누명을 씌우기도 하고 만약 사랑방에 벌인 닭서리로 밝혀지더라도 배상하라거나 다투지 않고 유야무야 넘어가는 것이 관례였다.

근대에 들어 사회가 산업화되면서 도시나 시골 할 것 없이 공동화 현상이 일어나고 개인주의가 팽배해 민심이 피폐해져 가고 있다. 조그만 일에도 시시콜콜 따지고 싸우고 직성이 풀리지 않으면 소송까지도 가는 인정이 메마른 사회가 되고 있다.

내가 초등학교 다닐 때만 해도 하굣길에 풋보리나 밀을 꺾어 불에 그을려 꼬막 같은 손으로 싹싹 비벼 먹으며 볼에 숯검정을 바른 줄도 모르고 십리 길을 통학했었다. 소나무 가지를 꺾어 물오른 송귀를 빨아 먹었던 솔향 그윽한 상큼한 그 단맛은 지금도 침샘을 자극한다. 그 초동친구들 지금은 어디서 무엇을 하고 지내는지 보고 싶다. 그때는 놀이기구가 없어서 손쉽게 구할 수 있는 놀잇감으로 땅빼기 자치기, 줄넘기, 딱지치기를 하면서 놀았었다.

요즘 아이들을 보면 숨이 콱콱 막힐 지경이다. 주입식 공부에 매달려 학원으로 쫓아 다니다보니 정서적으로 불안하고, 친구들과의 추억도 낭만도 없는 유년 시절을 보내고 있다. 기계문명이 발달되다 보니 게임이나 오락으로 컴퓨터에 빠져있는 아이들이 많다.

초등학교 5학년인 나의 장손은 학업이 끝나면 여기저기 학원에 다니고 조금 시간의 여유가 있으면 친구들과 어울려 놀면서 '벨튀' 를 한다는 것이다. 벨튀가 무엇이냐고 물었더니 차손이 말하길 아파트 꼭대기에서부터 벨을 눌러놓고 계단으로 튀어 내려오는 놀이라는 것이다. 그런데 자기는 어린애라 튀지 못하니 집에 있으라고 했다는 것이다. 그렇게 벨튀를 하다보니 꼬리가 길면 잡힌다고 어느 집에 신경이 예민한 사람이 살고 있었는데, 아이들의 그런 장난을 참다 못해 관리실에 찾아가 cctv를 확인했다는 것이다. 정작 벨을 누른 아이들은 다 도망가고 따라만 다닌 우리 장손은 민첩하게 튀지 못해 딱 걸린 것이었다. 엄마는 아파트 주인에게 미안하다고 사과하고 주의를 주었다고 했다. 오죽 그들만의 놀이가 없었으면 아이들의 생각이 거기까지 미쳤을까 하는 안타까움이 있지만 그들이 장성하면 친구들과의 벨튀가 아름다운 추억으로 남을 수 있을 것 같다.

선유도의 바람소리

격류처럼 흐르는 세월만큼이나 바쁜 나날이다. 중고차는 폐차시키고 살 수 있지만 사람이 나이 들어 노화되면 고쳐가면서 사는 수밖에 없으니 건강할 때 가고 싶은 곳에 부지런히 다니라고 아이들은 말한다. 기회 있을 때마다 사양하지 않고 나서는 나를 보면서 아이들이 주책스럽다 할까 조심스럽다.

새벽에 선유도에 가자는 딸아이의 전화를 받자 흔쾌히 따라 나섰다. 먼저 군산에 도착하여 빵집을 찾아갔다.우리나라에서 가장 오래된, 67년이란 긴 세월 동안 한 우물을 판 결과 지금의 유명세를 타고 있는 집이다. 일년 매출이 60억이라고 하니, 좋은 재료를 쓴다는 소비자들의 신뢰를 얻은 덕분일 것이다. 밀가루 대신 쌀가루로 만든 피에 국산 팥 앙금이 듬뿍 들어 있는 단팥빵이며 야채 빵은 그 맛이 일품이다. 늦게 가면 품절되어 사먹을 수 없기 때문에 사람들은 개장에 맞추어 서두른다. 우리가 도착했을 때는 8시가 조금 넘었는데 빵을 사려는 사람들이 벌써 20여 명이나 늘어서 있었다. 가게 안에 있는 열 평 남짓한 홀에도 간이 의자에 앉아 빵으로 아침 식사를 때우는 사람들이 북새통을 이루고 있다. 소문난 집이라면 전국에서 모여드니, 이런 집은 불황을 모르는 것 같다.

우리는 차례를 기다려 종류별로 골고루 50여 개나 되는 빵을 사서 은하수 호수 공원을 찾아갔다. 마땅한 공간을 찾지 못해 바람 부는 호수 난간에 기대어 뜨거운 커피 한 잔에 단팥빵과 야채빵으로 배를 채우니 속이 든

듣하다. 호수를 가로질러 가설된 사랑의 다리를 건너 호수를 한 바퀴 돌았다. 갈대와 부들잎이 바람에 하늘거리고 노오란 수선화가 햇빛에 청초하게 빛난다.

우리는 선유도로 가기 위해 월명 유람선 터미널에서 미리 예약한 카네이션 호에 올랐다. 이층 선실에 앉아 언뜻언뜻 스쳐 지나가는 섬들을 눈에 담으며 파도에 부서지는 하얀 포말 속에 먼 기억 속으로 사라진 어릴 적 고향 바다가 어른거린다.

단체로 관광 온 어떤 일행은 음식을 박스에 가득 담아 와 선실에서 막걸리 판을 벌인다. 한 말들이 막걸리통을 준비한 걸 보니 선유도에서 야유회를 가질 모양이다. 옆방 선실에서는 아침부터 중년 남녀들이 뽕짝 리듬을 타고 몸을 흔들어댄다. 술 한 잔 들어갔다 하면 우리나라 사람들처럼 흥에 겨운 사람들은 없을 것이다. 관광버스에서나 선상에서나 산에서나 옆사람을 의식하지 않는다.

카네이션 호는 1시간 30분이 조금 넘는 항해 끝에 신선들이 즐기는 곳이라는 선유도에 도착했다. 이년 전에 다른 모임에서 왔을 때 스쳐 지나갔던 외경들이 아름답게 펼쳐진다. 사실상 계절에 따라서 동행하는 사람에 따라서 감상하는 각도가 달라지는 것이 여행의 묘미인 것 같다. 부두에는 유람선에서 내리는 손님들을 기다리는, 기어를 장착한 수레차들이 즐비하게 늘어서 있다. 사위는 4인용 카트 한대를 빌려 선유도와 고군산군도의 안내책자를 보면서 서툰 운전을 한다. 겨우 차 한대가 지나갈 수 있는 외길인데다 비포장도로인지라 뒷좌석에 앉아 있는 나는 커브를 돌 때마다 멀미가 날 지경이다.

유명한 코스를 따라가다 보니 계곡 낭떠러지에 카트 한 대가 위태롭게 나무에 걸려 있었다. 인명 피해는 없었는지 걱정스럽다. 우리는 은빛 모레가 반짝이는 명사십리를 지나 선녀봉 전망대에서 내려 멀리 수평선을 바라보니 올망졸망 그림 같은 섬들은 바람소리, 파도소리, 선유도의 전설을 담은 듯 오롯이 한자리에 앉아 있다. 몽돌 해수옥장에도 수많은 몽돌들이 세월의 풍상에 깎인 듯 모난 부분이 사라지고 반질반질 빛을 내고 있다. 파도에 씻긴 진주는 더 아름답다고 우리가 시련을 겪을 때마다 마음은 넓어지고 성숙해져가니, 세월이 지나면 우리에게 유익한 환경이었다는 것을 늦게나마 깨닫게 된다.

선유 8경에 포함된 해발 152m인 망주봉이 우리 앞에 벌거벗은 채 솟아 있다. 섬에 유배된 선비가 망주봉에 올라 한양 쪽을 바라보며 임금을 그리워했다는데서 유래된 이름이라고 하니 신하의 충절을 알 만하다.

선유도는 유람선에 승용차를 싣지 못하게 하기 때문에 공해가 없고 깨끗하게 보존되어 천혜의 아름다움을 간직하고 있다. 3시간의 유람을 서둘러 마치고 승선하니 시원한 선유도의 바람이 듬성듬성한 머리카락을 스친다.

아침에 샀던 빵이 굳어지기 전에 순천에 있는 아들들에게 먹이고 싶은 마음이 간절하나 염치없어 한마디도 꺼내지 못하고 광주행을 맘먹었다. 그런 내 마음을 읽기라도 한 듯 사위는 순천으로 네비게이션을 찍고 핸들을 잡는다. 나는 말없이 웃고 있는데 딸이 한마디 거든다.

"장모 사랑은 사위라는데, 어쩐 일인지 우리 집은 사위 사랑이 장모인가봐."

선유팔경

선유낙조(仙遊落照) 명사십리(明沙十里) 망주폭포(望主瀑布) 평사낙안(平沙落雁) 삼도범귀(三島歸帆) 장자어화(壯子漁火) 월영단풍(月影丹楓) 무산십이봉(舞山十二峰)

해일이 지나고

집채만한 해일이 산도 덮쳐 버린 인도네시아 쓰나미에 대해 연일 신문 방송에서 세상을 떠들썩하게 했던 2004년 그해 12월이었다. 바다에서 해일이 일어 해수욕 하던 사람들뿐만 아니라 산으로 피신한 사람들까지 모조리 휩쓸고 간 영상이 뉴스 시간마다 방영되어 우리의 가슴을 조이게 했다.

이곳저곳 사람들이 모이는 곳이면 쓰나미로 인해 피해를 입은 사람들을 걱정했다. 노아 홍수 때처럼 이러한 큰 재앙은 인간의 패역에 대한 하나님의 경고의 메시지로 받아들여졌다.

우리는 이러한 인도네시아의 사태를 보면서 나와는 상관없는 남의 나라의 일이기에 참 안됐다는 생각만 했다. 유비무환이란 말이 있지만 속수무책으로 다가오는 천재지변은 인간의 힘의 한계인 것 같다.

어느 날 직장에서 돌아온 아들은 한참 머뭇거리드니 결심한 듯

"엄마 나 인도네시아에 의료봉사 갑니다." 나는 갑작스런 아들의 이런 통보에 너무 놀라 어찌할 바를 몰랐다.

"너 무슨 말을 하는 거냐?" 더 나를 놀라게 하는 것은

"삼일 후에 갑니다." 나는 어처구니가 없었다.

"왜 네가 가야 되냐? 다른 사람하고 바꾸면 안 되니? 다른 사람도 많은데 왜 너냐?" 나는 무슨 말을 하는지 모르게 두서없는 말을 중얼거리고 있었다.

"위험한 곳이 아니니 걱정 마세요. 그리고 나는 싱글이잖아요." 나는 더

이상 말려봐야 소용없음을 알고 시청 의료봉사 담당자에게 전화를 했다.

"나 누구 엄마인데요. 이번 봉사에서 제 아들 좀 빼주세요" 내 음성은 흥분한 상태에서 울먹거리고 있었다. 담당자는 나의 황당한 항변에 난처해하며 대답했다. 이미 팀이 짜여 있기 때문에 어쩔 수 없다는 것이다.

"우리 아들은 여권도 없어요."

"여권은 하루면 발급됩니다." 그럴 때는 빨리도 행정 처리를 하는가 싶어 괘씸하기까지 했다.

내 눈에는 아직 철부지 어린앤데 그런 험한 곳에 의료봉사를 보낸다는 것은 두려움 자체였다.

인도네시아 쓰나미 피해지역 매탄시 야채란 곳에 아들을 보내고 돌아올 때까지 일일이 여삼추 잠 못 이루는 밤을 좌불안석으로 지냈다.

연일 방송에서는 이재민과 전염병 환자와 기아에 허덕이는 사람들을 영상으로 보여준다. 나는 전쟁터에라도 보낸 듯 걱정하면서 언제 또 다시 해일이 덮칠지 몰라 불안하고 초조한 나날을 보냈다. 인명은 재천이고 생명의 근원이 하나님께 있으니 내가 할 수 있는 것은 기도뿐이었다.

열흘간의 의료봉사를 마치고 돌아온 아들의 모습은 검게 그을렸지만 오히려 씩씩해 보였다.

"아들아 고생했다. 내 아들 장하다." 등을 도닥여 주며 안도의 숨을 내쉬었다.

병들고 가난하고 어려운 사람들에게 인종의 벽을 넘어 인술을 베푸는 것이 의사의 사명일진대, 이기적인 나의 편협된 사고에 자신이 부끄러웠다.

삼십 도가 넘나드는 열대지방의 무더위 속에 몰려드는 환자들을 치료해주고 돌아올 때 눈물을 글썽이는 그곳 환자들에게 구급약과 수중에 남아있는 달러를 성금하고 왔다고 했다. 봉사까지도 부전자전(父傳子傳)이라더냐? 히포크라테스의 선서를 몸소 실천한 아들이 대견하고 자랑스럽다.

"엄마 때문에 동료들 사이에 마마 보이로 소문났어요." 투덜대는 아들이 사랑스럽다.

작은 효도

효도 관광을 하겠다며 휴일에 하루를 더하여 휴진하고 2박 3일 일정으로 부산 해운대와 통영으로 여행지를 잡았다. 딸 내외와 나는 작은아들 효심에 따라 나섰다. 측면으로 바다가 보이는 호텔은 70평이나 되어 우리 가족 17명이 다 함께 왔더라도 수용할 수 있는 넓은 방이 네 개나 있고 거실과 주방도 취사를 할 수 있게 되어 있었다.

처음에는 홍콩으로 여행지를 예약했었는데 돌백이 손자를 떼어 놓을 수 없어 국내로 일정을 바꾸었다. 때마침 홍콩에서는 민주화 시위가 날마다 일어나고 있던 시점이라 그곳에 안 가길 얼마나 잘했는지 몰랐다.

"선견지명이 있어 홍콩을 취소했구나" 아들은 으쓱해하며

"가슴에 느낌이 오드라구요." 익숙하지 못한 익살을 부린다.

우리는 숙소에 여장을 풀고 저녁식사 후 해운대 모래사장을 걸었다. 검은 바다 위로 불빛이 반사되어 밀려오는 하얀 포말의 철썩이는 소리를 들으며 고향집을 생각한다.

부산 해운대의 노천카페에서는 삼삼오오 둘러앉아 통닭구이에 소시지를 안주 삼아 맥주잔을 부딪치며 젊음을 노래하는 모습이 이제는 낯설지 않은 풍경이다. 지금은 부산국제영화제 기간이라 해운대에 많은 인파가 몰린 것 같다. 해변 가 가건물 벽에 영화 팜플렛이 붙어 있어 축제의 분위기를 고조시키고 있다. 우리는 바닷바람이 차가워 30분쯤 걷다가 숙소로 돌아와 준비해온 맥주를 마시며 쉬었다. 막내아들이 벌써 불혹이 넘어 엄

마를 기쁘게 하고 있다고 생각하니, 고2 때 아버지를 여의고 충격을 받아 힘들어하던 때가 엊그제 같은데 세월의 덧없음을 실감한다.

이튿날은 달맞이 돌탑에서 내려 끝없이 펼쳐진 바다 풍광에 취했다. 저녁에 떠오르는 보름달은 아름답기 그지없어 대한팔경의 하나로 손꼽힌다고 하는데 달맞이는 못하고 다음 일정에 따라 해월정에서 바다가 붉게 물들고 있는 일출을 볼 수 있어 다행이었다. 나는 저 붉게 떠오르는 태양처럼 우리 가족이 항상 활짝 피어나는 인생을 살 수 있도록 기도한다.

달맞이 언덕 주위에 문학관과 아트홀이 밀집해 있어, 동양의 몽마르트라고 부를 정도로 널리 알려져 있다고 한다. 우리는 통영으로 가기 전에 달맞이 고개를 넘어서 기장 수산시장 들러 대게 4kg을 샀다. 잘 알지 못하면 외국산이 국산으로 둔갑한다고 한다. 살아서 움직이는 것을 보니 국산인 줄 알았는데 러시아 산이라고 했다. 외국산이지만 잘 손질하여 잘려 나온 대게는 맛살이 꽉꽉 차있어 식감이 쫄깃하고 맛있었다. 손자는 아기의자에 앉아 우리가 다 먹도록 놀아주어 신통했다. 우리가 즐겨먹는 게에는 키토산이 많아 콜레스테롤을 낮추고 다이어트나 당뇨병, 면역력 강화, 간 기능 개선에 효과가 있다고 한다.

우리는 다음 코스인 통영으로 출발하여 바다가 인접해 있는 호텔에 룸 세 개를 잡아 각자의 짐을 풀었다. 넓고 아늑하고 편안한 더블 침대에서 나 혼자 유숙하게 되었다. 아들은 모든 계획을 인터넷으로 검색하여 손색없이 준비했다. 통영의 명물은 꿀빵이라고 한다. 우리는 호텔에서 서비스한 커피 한잔씩을 들고 꿀빵 집을 찾았다. 밤 8시가 넘었으니 대부분 꿀빵 집이 철시 상태였다. 그런데 아들은 기어이 꿀빵을 먹어야 한다며 찾아 헤매더니 유기농으로 만들었다는 꿀빵 한 상자를 사와 부둣가 시멘트에 앉아 꿀빵에 커피를 마시니 환상이었다.

정박해 놓은 어선들이 불빛에 가물거리고 있을 때 뜻밖에 하늘에서 개기 월식의 장관이 연출되고 있었다. 달이 지구의 그림자에 가려지고 붉은 보름달에 차츰 그림자가 드리워지며 그믐달 형체로 보이더니 원위치로 돌아오는 장관을 볼 수 있었다. 나는 얼른 핸드폰을 열어 높은 하늘에서 연출한 하얀 한 점으로 남을 개기 월식의 장면을 담았다. 통영의 밤거리는 차츰 한산해지고 바닷바람도 차가워 숙소로 돌아왔다.

다음 날 미륵산 케이블카를 타기 위해 일찍 서둘렀다. 전에 왔을 때 두세 시간을 기다리다가 못 타고 돌아갔던 기억이 있어서였다. 나는 기왕에 통영에 왔으니 청마 문학관을 방문하고 싶었다. 그래서 호텔 안내원에게 물었더니 5분 가까이에 있다기에 그곳을 찾았다. 생가도 볼 수 있었다. 이른 아침이라 방문객은 한 사람도 없었지만 문은 열려있어서 관람할 수 있었다. 그분의 생애를 한눈에 볼 수 있는 저서들이며 습작했던 원고지 등이며 청마의 초상화도 걸려 있었다. 청마 유치환과 시조시인 이영도 사이의 플라토닉 사랑은 문학에 관심 있는 사람들이라면 다 아는 일화로 남아 있다. 「행복」은 이영도를 향한 청마의 사랑 고백 시이다.

사랑하는 것은
사랑받느니보다 행복하나니라
오늘도 나는
에메랄드 빛 하늘이 환히 내다뵈는
우체국 창문 앞에 와서 너에게 편지를 쓴다.

시의 첫 연이지만, 이와 같은 연서를 20년 동안 오천 통이나 주고받았다고 한다. 부인 있는 남자를 사랑했던 이영도 시인이나 처자식 있는 청마 유치환의 사랑이 과연 행복했을까 묻고 싶다. 한편 청마 부인의 입장에서는 어떠했을까? 시앗을 보면 길가의 돌부처도 돌아앉는다는 말이 있다. 양가 규수이고 현모양처라도 남편이 시앗을 보면 질투와 증오가 생기는 것은 여자의 본능이다. 청마는 '사랑했으므로 행복하였노라' 고 노래하고 있지만 마음으로는 한 여인을 사랑하면서 현실에서는 가장으로서의 위치를 지켜야 하는 고뇌가 있었을 것이다.

우리 가족은 미륵산 케이블카를 타기 위해 그곳으로 향했다. 기다리지 않고 탈 수 있어 다행이었다. 케이블카에서 내리자 휴게실도 있고 먹거리 장사도 있어 우리는 시내에서 사온 충무김밥과 뜨거운 오뎅국으로 점심을 맛있게 먹었다. 정상에서 내려다보이는 아스라한 바다와 붉은 잎으로 물들어 가는 가을의 초입에 서서 함께 오지 못한 가족들이 생각났다. 젊은이들이 가는 곳까지 무리하게 올라갔다. 쉬엄쉬엄 난간 로프를 잡고 정상에 오르니 돌비에 미륵산이라고 새겨져 있었다. 손에 땀을 쥐고 올라와 정상에서 바라보는 통영항과 한려수도의 경관이 수려하다.

사위는 글 쓰는 나를 위해 도움이 될 만한 문학관이나 유명한 사람들의 기념관을 찾아준다. 돌아오는 길에 『토지』의 작가인 박경리 기념관과 생가를 찾았다. 박경리의 삶의 흔적들이 전시되어 있었다. 전시장을 한 바퀴 돌아 나오는데 딸은 전시장 벽에 걸려 있는 「어머니」라는 시를 카톡에 담아 동생들에게 보냈다. 아마 엄마 생전에 효도하라는 메시지인 것 같았다.

> 불효막심했던 나의 회한
> 불효막심의 형벌로써
> 이렇게 나를 놓아주지 않고
> 꿈을 꾸게 하나보다.

꿈속에서 찾아 헤매는 어머니에 대한 애절함과 회한이 곳곳에 서려 있는 절절한 사모곡이다. 이번 작은아들 내외가 마련한 2박 3일의 효도관광에서 느끼는 마음 뿌듯함이 컸다. 가족들 다 출가시키고 빈 둥지를 홀로 지키며 노년을 보내고 있는 부모들에게 편지는 못 쓸망정, 핸드폰에 머리 숙이고 노닥거리는 시간에 부모님께 손쉽게 할 수 있는 문안 인사라도 하는 것이 작은 효도라고 생각한다.

찾아가는 서비스

금년 어버이날은 주중에 들어 있다. 내일이 어린이날인데 내 곁에 챙길 만한 어린이가 없다. 큰딸이 안겨준 두 손녀들은 대학생이고 호주에서 유학중인 초등학생과 유치원생인 친손주와 외손주는 금년 말쯤이나 귀국할 예정이다.

나는 노동절에 아이들을 만나고 왔으니 며칠 되지 않아 그냥 지낼까 싶었지만 아이들이 효도한다고 올라올까봐 내가 먼저 선수를 쳤다. 주말이면 특별한 일이 없으면 아이들이 올라오는데 막내아들이 결혼하여 며느리가 임신중이라 요즘은 보름 만에 한번쯤 올라오거나 내가 딸을 대동하여 찾아가는 서비스를 하기도 한다. 이런 나의 배려(?)가 아이들에게 부담스러울 수도 있겠지만 이렇게라도 가족들은 자주 만나야 가족 간에 정이 들고 가까워질 수 있기 때문이다.

나는 주말에 큰딸 내외와 함께 아이들이 살고 있는 순천을 찾아가기로 하고 열무김치와 알타리무 김치, 오이소박이를 버무려 담고 김밥을 준비했다. 김발에 올려놓은 양념된 김밥 위에 다섯 가지 정도의 고명을 가지런히 올려놓고 김발을 돌려가면서 꼭꼭 눌러주니 보기에도 맛깔스런 김밥이 완성된다. 이렇게 열장 정도의 김밥을 썰어 찬합에 담고 오징어와 연한 쑥과 갖은 야채로 잡전을 다섯 장쯤 지졌다. 그리고 무청으로 바지락 된장국을 끓여 여섯 명이 먹을 만큼 보온병에 담았다.

내가 아들들에게 내려가겠다고 연락하면 어디에 식당을 예약할까 걱정부터 한다. “엄마 횟집이요? 한정식집이요? 고깃집이요?” 이렇게 두 아들이 주워섬긴다. 오늘만은 이런 불편을 덜어줄 것 같아 기분이 홀가분하다.

두 아들이 같은 아파트 단지에 살고 있지만, 큰아들은 기러기 아빠로 살기 때문에 작은아들 집으로 갔다. 과년한 총각이 혼자 사는 것을 보고 올라올 때마다 가슴이 아팠는데 이제는 애기 아빠도 되었고 신혼 재미에 푹 빠진 아들의 환한 얼굴을 보니, 역시 사람은 독처하는 것이 좋지 못하다는 성경 말씀이 맞는 것 같다. 집안 분위기부터 아늑하고 사랑의 향기가 무럭무럭 피어오르는 듯하다.

오늘은 내가 가져간 음식으로 손쉽게 한 상 가득이 차려 맛있게 먹고 후식으로 과일과 커피까지 마시고 나니 시간이 여유가 있어 가족들과 이런저런 세상 사는 이야기꽃을 피웠다. 집에서 웃음소리가 그치지 않는 우리 가족 모임은 언제나 내 마음을 기쁘게 한다.

어버이날을 미리 준비한 큰아들은 금일봉을 담아주고 작은아들은 상품권을 건네주며 옷 한 벌 사 입으란다.

“아들아 엄마는 현찰이 좋은데.”

“현찰로 드리면 엄마는 못 쓰잖아요.”

마주 보고 웃지만 한편으로 남편 없이도 잘 성장한 아이들을 보니 가슴이 뭉클해진다. 며느리는 핑크빛 카네이션에 안개꽃을 두른 화려한 꽃다발을 한아름 안겨준다. 돌아오는 길에, 큰딸은 얇은 봉투를 슬그머니 건네주며 너무 약소하다고 멋쩍은 얼굴을 한다.

“선물의 가치는 많고 적음에 있는 것이 아니라 진정한 성의 표시란다. 너희들은 내가 순천 아들들에게 가고 싶다면 밤중에라도 동행해주는 효서 효녀가 아니더냐!”

이렇게 마음속으로 중얼거린다.

요즘은 형식보다는 실리를 중요시하는 글로벌 시대이니 명절이나 제사나 가족모임 같은 경우에도 한가한 사람이 바쁜 사람을 찾아가는 풍습이 자연스러워졌다.

나도 이번 찾아가는 서비스로 아이들에게 부담을 덜어주니 한결 의미 있는 어버이날이 된 것 같다.

내 생일

음력 12월 중순 엄동설한에 딸 부잣집에서 태어난 나는 부모님의 사랑을 받고 태어난 아이는 아니었던 것 같다. 위로 딸 셋에 내 위에 아들이 있었지만 먼저 세상을 떠나고 결국 나는 넷째 딸이 되었다. 삼대독자인 아버지는 아들을 원하셨을 것이고 어머니는 죄인처럼 산후 조리도 제대로 못했을 것이다. 대한(大寒) 날씨만큼이나 성격이 차가운 나는 부모님이 측은히 여길 정도로 내성적이었다. 이런 이유로 똑똑하고 공부 잘한 언니들은 초등학교만 보내고 나는 아버지의 사랑을 받아 상급학교에 진학할 기회가 주어졌다. 사람의 운명은 자기가 원하는 방향으로 가지 않고 태어날 때부터 갈 길이 정해져 있는 것 같다. 조금은 바보스럽고 어리숙했던 나에게 행운이 주어졌으니 말이다.

내 생일에는 대부분 눈보라가 치거나 눈이 많이 쌓여 다음해의 풍년을 기대하기도 한다. 올 겨울도 몇 년 만의 강추위라고 하니 예외는 아닌 것 같다.

아이들의 초대를 받고 큰딸 식구와 함께 72번째 맞는 내 생일을 순천에서 보내기 위해 길을 나섰다. 아이들의 퇴근 시간에 맞춰 뷔페에서 식사를 하기로 했는데 식구가 열 명이 넘으니 음식 값이 만만치 않을 것이다. 우리 나이에는 집에서 간단하게 미역국이나 끓여 먹었으면 하지만 고희를 넘고 보니 모든 것을 내 뜻대로 주장할 수가 없다. 언제나 너희들 알아서 하라는 낮은 자세가 되어 가는 것을 보니 무의식중에 곳간 열쇠를 아이들에게 넘겨준 것 같은 느낌이 든다.

나이 들면 현금이 필요하니 마음대로 쓰라고 건네 주는 두툼한 봉투를 받으며 아들을 키운 보람을 느낀다. 부모가 온 효자를 해야 자식이 반 효자를 한다는 속담처럼 자식들을 위한 일이라면 발 벗고 나서는 세대가 우리들이다.

다음 날은 작은아들 집에서 냉장고에 있는 반찬을 비워 김치와 된장국으로 점심상을 차리니, 어제 뷔페의 포만감이 아직도 가시지 않아 느끼하던 터라 속이 개운하다. 역시 한국 밥상은 된장국에 김치인 것 같다. 아이들 근무가 끝나자 우리 가족은 부산 해운대로 향했다. 하루 코스 생일 여행이었다.

몸이 건강할 때 나와 함께 여행하고 싶어하는 아이들의 효심에 흐뭇해하면서도 채워지지 않는 연민은 어렸을 때 신앙심이 좋았던 아이들이 교회 안에 돌아와 예수님에 대한 첫사랑을 회복하는 것이다. 성경 안에 있는 진리로 조성되어 내적으로 채워지는 삶이 되기를 기도하면서 아들 옆자리에 앉은 나는 하나님을 다시 찾으라고 권유했다. 뒷좌석에서는 초등학교 2학년인 장손이 게임기가 있는 핸드폰을 땀이 나도록 눌러대더니, 뮤직 버튼을 눌렀는지 갑자기 감미로운 솔베이지송이 차안에 울려 퍼진다.

> 그 겨울이 지나 또 봄이 가고 또 봄이 가고
> 그 여름날이 가면 더 세월이 간다 세월이 간다.
> (…)

나는 이 노래를 들을 때마다 대학 다닐 때의 친구가 생각난다. 이 멜로디가 너무 좋아 음치인 내가 음정도 맞지 않은 노래를 불렀더니 k는 나에게 한마디 했다. "그리그가 들으면 울고 가겠다" 한 그 말이 생각나 피식 웃는다. 그때는 충격적이고 자존심이 많이 상했는데 지금은 그 친구와 그

때 이야기를 하면서 웃을 수 있으니 아름다운 추억으로 남는다.

부산에 도착한 우리는 달맞이 길을 찾아 언덕을 올라갔다. 봄에 초등학교 동창들과 왔을 때는 벚꽃이 활짝 피어 꽃잎이 눈처럼 흩날릴 때였다.

지금은 겨울 바다에 회색 안개가 자욱하다. 그곳 횟집에서 점심을 먹고 해운대 모래사장을 걸었다. 해운대의 날씨는 포근하여 겨울 바다를 찾아 백사장을 걷는 사람이 많았다. 바다 위로 비상하는 저 백갈매기, 아이들이 던져주는 새우깡을 낚아채어 민첩하게 날아간다. 흩어졌다가 모여들고 모여들었다가 흩어지는 그들의 날갯짓은 누가 가르쳐준 생명의 율일까!

나의 노년에 생일을 챙겨주는 가족들의 배려에 고맙다는 생각을 하며 겨울바다 위에 붉게 타는 노을을 뒤로 하고 돌아오는 차안이 아이들의 마음처럼 훈훈하다.

제5부

꿈을 심어 놓고

바이올렛

봄이 완연한데 찬바람은 꽃샘추위를 품고 다닌다. 정비되지 않은 등산로를 따라 무등산으로 올라가는 깃대봉에 오르니 양지바른 언덕에 바이올렛 자보라 꽃이 피어 앙증스럽다. 우주 만상을 보면 이름 없는 것은 하나도 없다. 바이올렛만 보더라도 제비꽃, 앉은뱅이꽃, 씨름꽃, 오랑캐꽃 등등 여러 가지 이름을 갖고 있다. 사람들의 발 밑에 밟히면서도 아무런 반응도 할 수 없는 아주 작은 들풀에게도 이름은 주어진다.

꽃 중의 꽃으로 불리는 화려한 장미, 눈 속에서 고매한 자태로 피어나는 매화, 향기를 내뿜는 백합, 가냘프고 노오란 수선화는 사람들의 눈길을 끌고 사랑을 받는다.

눈이 녹자마자 이른 봄 땅속에서 겨우 고개를 내밀고 있는 코딱지 나물이나 앉은뱅이꽃, 좁쌀 밥풀과 같은 하찮은 풀들도 저만의 독특한 개성들을 가지고 있다.

정원에 코딱지처럼 아주 작은 코딱지나물의 연보라 꽃이 군락을 이루고 있는 것을 보니 그 또한 아름답다. 아무리 고운 꽃도 저 혼자 피어 있으면 외롭고 쓸쓸하게 보인다. 야생화가 군락을 이루어 피어 있을 때 더불어 사는 사람처럼 부요하고 인정스럽다.

울적할 때 들이나 산에 나아가 만발한 꽃이나 신록을 보면 마음이 평온해진다. 이런 날은 장미 한 아름 화병에 꽂아 놓고 무등산이 바라보이는 거실에서 사랑하는 사람과 마주 앉아 뜨거운 커피 향을 맡고 싶은 여유도 생긴다. 그래서 사람들은 꽃 피는 봄날에 산과 들로 봄나들이를 가고 가을이면 단풍구경, 억새꽃 축제를 찾아다니면서 가난하고 메마른 영혼을 달래는지 모르겠다.

영원한 우정이나 수줍은 사랑이란 꽃말을 가진 바이올렛은 화려하지도 품위 있는 꽃도 아니다. 누가 심거나 가꾸지 않아도 봄이면 어김없이 찾아와 양지바른 들녘이나 묘지 옆에 청승스럽게 피어 있다.

이 꽃을 볼 때마다 나는 여고 시절의 추억이 주마등처럼 떠오른다. 내성적인 성격 때문에 친구들과 어울리지 못하고 수업이 끝나면 혼자서 책을 읽으며 여가를 보냈다.

그때 서울에 있는 s여고 교지에 실린 시를 읽게 되었는데 지은이가 나와 이름도 학년도 같았다. 우리는 서로 교복을 입고 찍은 사진 한 장씩을 교환하고 펜팔을 했다. 지금은 통신 문화가 발달해 전화나 팩스나 메일로 사귈 수 있지만 그때 우리들은 일주일이 멀다 하고 편지를 주고받으며 문학소녀의 꿈을 키웠다. 『젊은 베르테르의 슬픔』, 앙드레 지드의 『전원 교향곡』, 『좁은 문』, 『노인과 바다』… 그 외에도 수많은 소설들을 읽고 난 후 독후감을 써서 보냈다. 괴테나 하이네, 릴케의 시도 애송했고 우리나라 시인으로는 소월의 「산유화」, 「진달레꽃」을 외우거나 신석정, 한하운, 서정주 등의 시에 심취하여 편지를 보낼 때마다 시 한편씩을 써 보냈던 기억이 난다. 그중에서도 청록파 시인들을 좋아했고 박목월의 '청노루 맑은 눈에 도는 구름'이나 '구름에 달 가듯이 가는 나그네' 같은 시 구절은 갓 피어오르는 우리 문학소녀들의 가슴을 얼마나 뛰게 했던가!

여고 3년 동안 수많은 편지를 주고받으며 나에게는 바이올렛이란 꽃이름이 주어졌고 그에게는 겸양한 사랑이란 꽃말을 가진 히야신스가 주어졌다. 얼굴 한번 보지 못한 생면부지의 친구는 글 속에서의 나의 인상이 외롭고 우수에 찬 모습으로 비쳐졌기에 바이올렛이란 꽃 이름을 붙였을까?

아름다운 여고 시절을 보내고 대학 진학을 준비하면서 우리들의 소식은

끊겼다. 나중에 서울로 유학 간 친구에게 전해들은 이야기로는 히야신스는 R대 국문과에 입학하였다면서 나의 안부를 묻더란 것이었다.

이 긴 세월 동안 까마득히 잊고 지냈는데 내가 글공부를 시작하면서 그 친구에 대한 소식이 궁금했다. 그 친구도 국문학을 공부했으니 아마 지금쯤 문단에 등단하여 작품 활동을 하고 있지 않을까 하는 생각이 든다. 동명이인이란 인연으로 만나 아직까지 얼굴도 모르는 사이지만 이런 인연 또한 세상에 흔하지는 않으리라. 히야신스도 나처럼 학창 시절의 아름다운 추억을 소중히 간직하고 있을까?

꿈처럼 아련한 추억을 품고 산에서 내려오는데 양지바른 언덕에 외롭게 피어 있는 바이올렛이 이슬에 촉촉이 젖어 있다.

기약은 없지만 어느 날 뜻밖에 문인들의 모임에서 그 친구를 만난다면 나 바이올렛 너 히야신스 50년 전 여고 시절로 돌아가 문학소녀로 만났던 우리들의 순수한 사랑을 이야기하고 싶다.

건망증

화선지에 먹물이 스미듯 젊었을 때는 한번 보고 들었다 하면 머릿속에 쏙쏙 입력되던 기억력이 나이가 들수록 점점 감퇴되어 가는 것이 안타깝다. 각박한 세상에 살다보니 생각이 많아지고 한 가지 일에 골몰하다 보면 다른 생각은 나지 않을 때가 많다. 그래서 요즘 나는 내가 어제 했던 일과 내일 해야 할 일들을 일기처럼 수첩에 기록해 둔다. 그렇지 않으면 약속 시간도 깜박깜박 잊어버린다.

십년 전 나의 건망증으로 인해 어떤 친구는 지금도 놀리곤 한다. 나는 내일 12시에 어느 식당에서 모임이 있다고 회원들에게 연락하고서는 정작 나는 참석하지 않았다. 그날 시내에서 일을 보고 혼자서 점심까지 사먹고 집에 돌아왔을 때 친구에게서 무슨 일이 있었느냐고 전화가 왔다. 지금 같으면 핸드폰으로 연락했겠지만 그때만 해도 연락할 길이 없었다. 한순간을 까맣게 잊어버리는 것이 건망증이구나 싶어 자신에게 깜짝 놀란 적이 있다. 또 한번은 시누이에게서 오후에 가겠다는 전화가 왔다. 공무원이라 평일에는 오시지 못할 텐데 무슨 일일까 곰곰이 생각해보니 오늘이 시어머니 기일이 아닌가! 나는 부랴부랴 시장을 보고 음식을 준비하여 위기를 모면한 적이 있다.

지금도 가끔은 가스불을 켜놓고 밥솥을 태우기도 하고 행주를 삶다가 태우기도 한다. 그리고 버스를 타고 가다가 문단속을 안한 것 같아 되돌아와 보면 대부분이 기우였음을 볼 수 있다.

어느 땐 길 가다가 반갑게 인사하는 사람을 만났는데 그 사람의 이름이 기억나지 않아 당신이 누구냐고 물어 볼 수가 없어 과거의 생각 속을 헤집고 돌아다녀도 생각이 나지 않아 안타까울 때가 있다. 나는 건망증이 심해지면 치매로 발전되지 않을까 하는 노파심을 갖는다. 필름이 끊어지듯이 아무 것도, 사랑하는 가족까지 몰라버리는 불행한 일이 우리 주변에서는 일어나지 않았으면 하는 것이 나의 간절한 소망이다.

늘 긴장 상태에서 살면서 정신을 차리고 음식물로 건강을 챙기면서 심신을 단련하여 7330의 방식을 따라 일주일에 세 번 30분씩 규칙적인 운동을 하는 것을 기본으로 실천해야 할 것 같다. 그리고 독서와 글쓰기도 기억력 향상에 도움이 된다고 하니 노년을 건강하게 보내려면 스스로 부단히 노력해야겠다. 무딘 칼날을 연마하다 보면 날선 비수가 되듯이 우리의 뇌세포를 계속 자극하다 보면 다시 총명한 두뇌가 생성되지 않을까 희망을 가져 본다.

지나간 날들을 다 기억하여 희로애락을 짐으로 지고 산다면 어떤 현상이 일어날 것인가? 생각하면 아찔하다. 나쁜 기억들은 하나씩 하나씩 지우며 살아가는 것이 신의 섭리이고 잊고 사는 이런 삶이 우리를 정결케 하는 이유일 것이다.

예전에 할머니가 손자들의 이름을 부를 때 첫째부터 막내까지 연달아 부르시더니 지금 내가 할머니의 사신 삶을 답습하고 있는 것 같다. 조금은 서글프지만 이것이 정상적인 인생의 여정이라 생각하면서 스스로를 위로한다.

건강 불감증

큰아들 중학교 학부모 모임이 올해로 삼십 년이 되어간다. 한 달에 한번 만나 밥 한 끼 먹는 것이 고작이지만 세월이 지나다 보니 서로간의 신뢰가 깊어진 것 같다. 우리는 L백화점 8층에 있는 중식집에서 자장면과 탕수육을 먹고 한참 수다를 떨고 나오는데, 갑자기 입에 침이 마르고 혀가 마비되는 듯 말이 제대로 나오지 않는다. 나는 더위로 인한 갈증인 줄 알고 팥빙수를 후식으로 먹자고 주문했다. 먹은 후에도 갈증은 여전했다.

예삿일이 아닌 것 같아 급히 동네 병원을 찾아갔다. 혈당 수치를 재어 보더니 490mg/dl이라는 것이다. 나는 당이 있을 거라고는 상상도 하지 못했기에 충격적이었다. 당뇨 때문에 침샘이 마르고 있었는데 당 덩어리인 팥빙수를 먹다니 건강 불감증의 소치인 것 같다.

공복 혈당이 100mg/dl 이하여야 정상 혈당이라고 하는데 이렇게 고혈당이 되도록 방치해 두다니 자신이 생각해도 한심스럽다. 먹고 싶은 것 다 먹고 운동도 하지 않고 건강을 과시하면서 살았으니 이렇게 당이 높은 것은 당연한 것이다.

큰아들에게서 전화가 왔다. 기운이 빠진 내 목소리를 듣고 무슨 일이 있느냐고 묻는다. 나는 오늘 일어난 일을 말하면서 혈당이490mg/dl이라고 하더라고 했더니 아들은 “엄마 괜찮아요. 식이요법 하고 운동 하면 200이하로 떨어지고 뱃살 빼면 정상으로 돌아올 테니 걱정 마세요” 아무렇지도 않다는 듯 말한다.

하기야 의사들이란 자기 가족의 건강에는 무관심하고 치료에는 인색하다는 것을 이미 알고 있었지만 위로는커녕 놀라는 기색도 없는 아들이 야속하다.

아이들 키울 때도 그랬다. 30년 전 막내아들이 다섯 살 때의 일이다. 열이 나고 설사가 심했다. 남편은 근무가 끝나면 친구들과 어울린 날이 많고 핸드폰도 없는 시절이라 연락을 할 수 없었다. 나는 전에도 집에 있는 상비약으로 내가 처방하고 조제하여 감기며 설사며 피부병 같은 심하지 않은 병은 돌팔이 의사가 되어 치료했기 때문에, 그날도 해열제와 항생제를 조제하여 아이에게 먹였다. 과다복용을 했음인지 얼굴이 창백해지고 입술이 파랗게 질려가고 있었다. 나는 병원에 갈 생각도 못하고 꿀물을 먹여 진정시킨 후 한참 배를 쓸어 주었더니 스르르 잠이 들면서 혈색이 돌아온 것을 보고 안심했었던 기억이 난다. 그때의 무지를 생각하면 지금도 몸이 오싹해진다. 한 마디로 우리 집에는 의사가 셋이나 되지만 무의가이다.

큰아들에게서 연락을 받은 큰딸이 전화를 했다. 큰아들은 엄마가 아프다고 해도 놀라지도 않더라고 서운한 감정을 털어 놓았더니 딸 역시 걱정은커녕 "와, 울 엄마 큰일 났네. 대학병원에 입원해야겠네. 이렇게 말해 줄까?" 하며 아무렇지도 않게 웃는다.

엄마가 너무 건강에 무관심하니 이번에 큰 경고를 받았다 생각하고 음식 가려먹고 운동 많이 하라는 통상적인 말만 한다.

나는 국민 건강공단에서 2년에 한 번씩 시행하는 건강 검진 이외에는 특별히 종합 검진을 받은 적이 거의 없다. 하기야 2년 전에 건강 검진할 때 당뇨와 비만에 주의하라는 경고가 있었지만 대수롭지 않게 무시하면서 살아왔던 것이 문제가 된 것 같다.

어떤 사람들은 병원 가기를 이웃집 드나들듯 하지만 칠십 평생 병원 신세 진 일이 손꼽을 만하니 그나마 건강한 유전자를 물려주신 부모님께 감사해야 할 일이다.

나는 이번 일로 큰 충격을 받고 내가 즐겨 먹던 쌀밥을 현미 잡곡으로 바꾸고 당뇨에 좋다는 해독주스나 우엉차를 마시면서 걷기 운동을 하고 있다. 아침저녁으로 혈당 체크를 하고 있지만 들쑥날쑥 가늠할 수 없도록 오르락내리락하니 신경이 쓰인다. 당의 인자가 내 몸 속에 있다는 사실이 그나마 다행이라고 해야 할까?

예고 없이 찾아오는 성인병이란 복병이 언제 나타날지 모르니 건강에 관심을 갖고 내 몸을 내가 사랑하면서, 남은 일생 자식들에게 짐이 되지 않도록 건강하게 마무리 하는 것이 나이 먹은 사람들의 과제인 것 같다.

당뇨 초기에는 생활하는 데 지장이 없으니 대수롭지 않게 여기지만 관리하지 않으면 당뇨 합병증을 가져와 실명도 할 수 있고 발가락을 절단할 수도 있는 무서운 질병이라고 한다. 잘 관리만 하면 나을 수 있다고 하니 이제부터는 나의 주체할 수 없는 식탐을 자제하면서 건강에 대한 중요성을 심각하게 고민하면서 살리라.

미련을 버리지 못하고

이년 전 독감을 심하게 앓고 난 후 후각의 기능이 점점 없어져가는 느낌이다. 경미한 냄새는 아예 맡지를 못하고 아주 심한 악취 정도만 감지할 수 있으니 이것이 감기 후유증인지 늙어가는 징조인지 아니면 가스 노출로 인한 것인지 알 수가 없다.

대학병원에서 검사를 했는데 거의 원상태로 회복되기는 어렵고 대개 60세가 넘으면 30%가 이런 현상이 일어난다고 하니, 병원을 싫어하는 나는 생활하는 데 불편이 없으니 그러려니 하면서 살아간다. 또 어느 시점에서 기적적으로 되살아나리라는 희망을 가지면서….

어느 날 공중화장실 앞을 지나는데 바람을 타고 코에 스미는 지독한 악취에 코의 세포가 살아나는 것이 아닌가 하고 코를 벌렁거리며 기뻐했던 일이 생각난다. 삶에는 지장이 없지만 무딘 감각 탓에 밥솥단지를 태운 적이 한두 번이 아니며 빨래를 삶다가 태운 적도 있고 가스냄새 때문에 후각이 마비되어 간다고 가족들이 성화를 대도 내 마음은 요지부동이었다. 아이들은 이번 기회에 원적외선 나오는 전기렌지로 바꾸자는 것이었다. 그런데도 마냥 미루다가, 어느 날 가스 점검을 하는 사람이 확인을 한 다음에야 정신이 들어 교체해야겠다고 마음을 먹었다. 가스레인지 네 구 중에 한 구가 샌다는 것이었다.

안일하고 느슨한 성격에도 문제가 있지만 한번 인연을 맺으면 쉽게 버리지 못하는 천성도 작용한 것 같다. 내가 생각해도 내 성격이 맘에 들지 않는다. 이러다 가스 누출이라도 되어 극한 상황이라도 생긴다면 소 잃고 외양간 고치는 격이 아닐까 싶어지니 스스로 놀란다.

이십 년 전 이 아파트로 이사 올 때 비교적 비싼 값을 주고 구입한 오븐이 달린 가스레인지다. 한낱 무생물 가구에 불과하지만 이십 년 세월을 나와 함께하면서 우리 가족의 건강한 식생활을 위해 헌신한 일등공신이 아니던가! 낡을 대로 낡았지만 마지막까지 자기 임무를 다해주는 가스레인지에 아직도 미련이 남아 있어 철거하러 직원이 오기 전에 오븐에 생선을 굽고 국과 찌개를 끓였다. 가스레인지를 아저씨가 철거할 때 마음이 서운하다고 했더니 자기는 18년이나 집에서 기른 개가 죽었을 때 가족을 잃은 것처럼 며칠을 밥도 못 먹고 슬퍼했다고 했다. 언제나 이별은 우리를 슬프게 하고 가슴 아프게 한다. 그러나 세월이 약이라고 했듯이 얼마 지나면 새로운 것에 정을 붙여 옛정을 잊고 사는 것이 인지상정인 것 같다.

몇 시간 후면 정든 가스레인지는 고물로 처리될 것이고 번쩍번쩍 광체를 내며 원적외선이 분출된다는 전기레인지가 그 자리를 차지해 주인 행세를 할 것이다. 나는 생활이 익숙해질 때까지 한참동안 낯선 동행을 할 것이며 세월이 지나면 신제품에 익숙해져 그것에 만족하면서 교환하기를 참 잘했다 하겠지! 그리고 가스 냄새 땜에 후각 세포가 마비되었다고 탓하지는 않겠지!

짓밟힌 농심

한겨울에는 전신주에 부착된 스위치를 켜며 가로등 불빛에 따라 오르던 등산길인데, 초여름에 접어들면서 같은 시간인데 동창이 환히 밝아 온다. 장맛비가 한 차례 지나간 후라 물기 머금은 숲은 싱그럽고 상쾌하다.

나는 깃대봉에 오르면 맨 먼저 들깨밭에 들러 얼마나 자랐는지 확인한다. 대여섯 평 남짓 공터를 일구어 들깨씨를 뿌렸는데 박토에서도 들깨는 잘 자라주어 잎사귀가 너울거린다. 순을 더 뻗기가 버겁다는 듯 부대끼며 서로를 밀어낸다. 나는 벤 곳을 솎아 빈자리에 모종하고 풀도 뽑아 주고 퇴비도 해주었다. 천수답처럼 비를 기다려야 목을 축일 수 있는 환경이기에 가뭄에는 작은 물통에 물을 담아와 뿌리기도 하지만 턱없이 부족하다. 이번 비야말로 목마른 깻잎을 완전히 해갈해 주었다.

나는 운동이 끝나면 그곳에서 함께 운동하는 회원들에게 무공해 깻잎을 한주먹씩 뜯어준다. 깻잎 향기는 아침 공기를 더 신선하게 한다.

30년 전에 나는 백 평 남짓 심어놓은 깻잎을 뜯으면서 그 향기 그 빛깔 너무 향그러워 「깻잎 소묘」란 엉터리 글을 써서 M방송국 공모에 보냈었는데, 그 글이 당선되어 아나운서의 고운 목소리를 통해 라디오에서 흘러나오는 걸 들으면서 얼마나 황홀해 했었던가! 깻잎은 다양한 음식을 조리할 수 있어 누구나 다 좋아하는 것 같다. 생으로 고기와 싸먹기도 하고 깻잎 김치며 깻잎 조림이며 가을에 장아찌로 담아 여름에 먹는 맛이란 그 어떤 반찬과도 비교할 수 없다.

오늘은 비 온 후라 그 사이 훌쩍 자랐을 들깨밭을 보기 위해 다른 날보다 일찍 집을 나섰다. 사뭇 기대를 하면서 오르는데 아직 후덥지근한 날씨 탓에 등줄기가 땀에 젖는다.

그런데 황당한 일이 벌어졌다. 어제까지만 해도 싱그럽던 이파리가 깡그리 잘려져 나갔고 민둥한 들깨대만 초라한 모습으로 서있었다. 이곳을 오르내리는 사람이 많아 밝은 대낮에는 그렇게까지 못했을 것 같고 그렇다면 어두운 밤에 와서 이런 일을 누가 했을까? 누구의 소행인지 아무리 생각해도 답이 나오지 않는다. 부드럽고 예쁜 깻잎을 망가뜨린 사람은 무슨 원한이 있는 사람이거나 정신 분열증 환자가 아니면 이렇게까지 심하게 심술을 부릴 수는 없었으리라.

깃대봉 회원들은 날마다 그곳에서 운동을 하면서 주위에 곱게 피어 있는 족두리꽃이며 봉숭아와 코스모스를 감상하면서 깻잎 자라는 재미도 함께 느낀다. 이번 사건으로 깻잎이 자라면 이곳에서 파티를 열자던 회원들은 서운한 마음을 한마디씩 내뱉고 내려간다. 다시 새싹이 돋아 원래의 상태가 되기는 어렵겠지만 한 열흘 지나면 새순이 돋으리라는 희망을 가지며 빈자리에 몇 나무 모종을 옮겨 심고 내려오는데 발길은 무겁고 마음은 온통 들깨밭이 점령해 버린다.

농사지어 밭에서 다 도둑맞아 한철 농사를 망쳐버린 농부의 심정을 헤아려 본다. 산을 내려오는 길가 언덕 밑에 고개를 내민 노오란 달맞이꽃 한송이. 나의 상한 마음을 알아주기라도 하는 듯 함초롬히 이슬을 머금고 있다. 이런 사람 저런 사람 다 포용하는 넓은 마음을 가지라고 위로하는 듯하다.

우리에게 가장 소중한 것

잠에서 덜 깬 새벽은 아직 어둑어둑하다. 처서가 지난 뒤라 밤 길이가 길어졌나보다. 동녘 하늘에는 북새구름이 불그레 일고 마로니에 가로수 사이로 반쯤 얼굴을 내민 그믐달이 숨바꼭질하듯 구름 속으로 숨어버린다.

도로 가에는 기약 없이 시승자들을 기다리는 택시 한대가 시동을 걸고 있고 부지런한 청소부도 땅에 널브러진 쓰레기를 쓸고 있다. 이른 새벽부터 일감을 얻기 위해 일용 근로자 대기실을 찾는 사람들의 서성이는 모습도 보인다.

이런저런 새벽 풍경이 세상사는 사람들의 매일의 일상이다.

내가 운동하기 위해 새벽 길을 나서는 날이면 으레 오십대 중반쯤 된 한 부부를 만날 수 있다. 남편은 뇌졸중인 듯 한편이 마비되어 걸음걸이가 불안전하다. 그러나 부인은 남편의 팔을 꼭 붙잡고 힘든 동행을 하고 있다. 침술원에 치료를 받으려 가는 것인지 아니면 새벽 걷기 운동을 하는 것인지 알 수 없지만 도란도란 이야기를 주고받으며 걷고 있는 그들의 모습이 무척 행복해 보인다.

내가 처음 그들 부부를 만났을 때가 오륙 년 전이니까 오랜 세월 병간호를 하다보면 아무리 금슬 좋은 부부일지라도 짜증도 나고 불평불만도 많을 것 같은데 언제나 그들은 한결같다. 나는 힘든 시간을 사랑으로 견뎌낸 그들 부부를 만나면 말 한마디 주고받은 일 없지만 한겨울에도 가슴이 따뜻해진다.

TV 드라마마다 걸핏하면 결혼하고 나서 이혼하고 불륜으로 남의 가정을 파괴하는 이야기가 주류를 이루고 있다. 흥미 위주로 방영되는 이런저런 드라마를 볼 때 사회 풍조가 문란해져 가는 것 같아 안타깝다. 어렵게 만난 인연을 너무 쉽게 생각하고 이혼을 두부 자르듯 하는 일부 젊은 부부들뿐 아니라 한집에서 평생을 서로 부대끼며 자식 낳아 출가시키고 동고동락하던 노부부까지 예전엔 상상도 할 수 없는 '황혼 이혼' 이란 신조어를 양산하며 서슴없이 갈라서는 것이 요즘 현실이다. 남남이 만나서 항상 기쁘고 사랑스럽고 행복하게 살 수만은 없을지라도 서로 인내하며 가정만은 깨지 말아야 하는 것이 부모로서의 가족에 대한 최소한의 책임과 의무라고 생각한다.

나도 젊었을 때 남편과 싸우고 이혼을 해야겠다고 마음먹고 대책 없이 집을 나섰지만 갈 데가 없었다. 부모님 걱정 끼쳐드릴까봐 친정에도 못 가고 더더구나 친척 친구 집엔 창피해서 갈 수 없어 허름한 삼류 극장을 찾았었다. 주인공의 슬픔에 함께 울다가 해질 무렵에 집에 돌아왔는데 아무 일도 없었다는 듯 흔연스럽게 맞아주는 남편이 고맙기도 하고 부끄럽기도 해 그 후로는 아무리 가정불화가 있어도 속 좁은 자신이 바보처럼 느껴져 집 나간다거나 이혼하자는 말은 입 밖에도 내지 않았다. 지금 생각하니 그때 그러기를 참 잘했노라고 고개를 끄덕이며 비시시 웃는다.

'집에서 새는 바가지 밖에서도 샌다' 라는 속담이 있듯이 환경이 어려울 때마다 사사로운 감정과 자존심을 내세워 집을 나간다면 우리 자녀들과 안식처인 가정은 누가 지켜줄 것인가!

숨 한번 크게 쉬고 냉수 한 바가지 마시면 뜨거운 가슴에 참을 인자가 새겨질 것이고 어느덧 폭풍우 지난 바다는 언제냐는 듯 평온을 되찾아 우리의 방주는 안전하게 높은 산에 다다를 것이다.

가장 소중한 것이 가정과 가족임을 인식할 때 우리가 처음 사랑했던 첫

날처럼 서로 죽음이 갈라놓을 때까지 함께 손잡고 가는 것이 우리 인생의 노정인 것 같다.

캄캄한 밤이 지나면 머지않아 태양이 떠오리라는 믿음 하나로 사시사철 새벽을 열고 있는 그들 부부의 동행이 수채화처럼 아름답게 그려지는 아침이다.

순천 가는 길

나는 한 달이면 두세 번은 순천엘 간다. 매번 가는 길이지만 지루하거나 싫지가 않다. 거기에는 큰아들과 작은아들이 살고 있기 때문이다. 큰딸아이가 운전을 하고 나는 뒷좌석에 앉아 철따라 변화가 있는 자연을 감상하거나 나를 위한 사색에 잠긴다.

집에서 화순 쪽으로 넘어 가는 국도가 고속도로보다 통행료도 싸고 가는 길이 지루하지 않고 운치가 있다. 광주에서 너릿재를 막 지나 화순으로 진입하면 그곳에서부터 산세가 수려하고 철철이 꽃이 피어 차창 너머 보이는 경치가 아름답다. 봄이면 가로수로 심어놓은 벚꽃이 눈처럼 날리고 멀리 산벚꽃은 마치 옛날 머리에 기계독으로 인해 버짐이 번지듯 희끗희끗 산등성이에 듬성듬성 피어 있다. 노란 산수유가 흐드러지게 피고 진달래, 철쭉꽃 차례를 기다리며 꽃잔치 준비로 수런거린다. 여름이 깊어가면 신록과 더불어 진분홍으로 피어오르는 백일홍은 모내기를 했던 벼가 자라 누우런 모가지 스스로 고개 숙이기까지 가로수길을 아름답게 수놓는다. 이 꽃이 백일 동안 세 번 피고 지면 올벼신미를 한다는 농부들의 기다림이 있는 꽃이다. 가을엔 붉게 타는 단풍이 아름답고 겨울이면 봉우리마다 하얀 눈이 눈꽃으로 피어난다.

화순을 자날 때면 만연산이며 수만리며 안양산 휴양림까지 가는 곳마다 예쁜 꽃이 피어 길손의 걸음을 머뭇거리게 한다. 이 도시가 차라리 화순(和順)이 아니라 '꽃 화' 자 화순(花順)으로 부르는 게 어울리지 않을까?

화순을 빠져나와 3분의 1쯤 지나면 푸른 물이 가득 채워진 주암호에 이르게 된다. 이곳을 지날 때마다 나는 실향민의 아픔을 생각하게 된다. 조상 대대로 지켜오던 논밭이며 정든 고향집을 수장시키고 타향으로 떠나 다시 고향을 이루고 살고 있을 사람들, 정들면 고향이라고 하지만 뿌리를 잃은 그리움은 그곳을 지나는 실향민의 가슴을 쓰리게 할 것 같다.

가끔 이곳은 실향민의 연민인 양 지척도 분간할 수 없을 정도로 물안개 자욱하여 연기처럼 산모롱이를 감고 돌며 피어오른다. 그러다가 해님이 구름 사이로 환히 얼굴을 내밀면 서서히 자리를 비켜주는 여유로움도 갖는다. 자연의 신비롭고 오묘함을 어찌 인간의 한계 안에서 헤아릴 수가 있을까!

이런저런 생각을 하다보면 어느새 순천에 들어선다.

순천과의 인연은 큰아들이 S종합병원에 파견 근무를 하게 되면서 맺어졌다. 그곳에서 그룹으로 병원 개업을 하고 있는 선배님들에게 스카웃되어 그 병원의 막내로서 의술을 배울 뿐 아니라 선배님들의 지혜와 세상사는 도리도 배워 가고 있으니 나는 다만 감사할 뿐이다.

이 무렵 작은아들 진로에 봉착하게 되었는데 나는 광주에서 내 곁에 남기를 원했지만 가족들은 모든 입지 조건으로 볼 때 순천에서 개업하는 게 전망이 있다고 나를 설득했다. 나는 구시대적인 나의 사고보다는 젊은 사람들의 보는 눈이 정확할 것이라는 생각에 노인의 아집과 어미의 권위를 내려놓았다. 이렇게 하여 아들 둘이 자연스럽게 순천에 안주하게 되어 순천 시민이 된 것이다. 자주 이 도시에 오다보니 도시가 아담하고 정겹게 느껴진다. 솔직히 양반들이 사는 도시처럼….

아파트 건너편에 호수공원이 있어 산책도 하고 저녁이면 야광 분수 쇼도 볼 수 있다. 그리고 가까운 거리에 순천만 생태 공원도 있어 휴일이면 관광객들도 붐빈다.

큰아들은 가정을 이루고 사니 안심이지만 작은아들은 항상 마음이 걸린다. 제 할 일을 알아서 하니 이제 내려놓아도 될 법한데 아직도 품안의 자식으로 생각하고 있으니 내가 문제인 것 같다. 나이 칠십이 된 아들에게 차 조심해라 길 조심해라 걱정하는 것이 부모가 아닌가!

나는 병원에 들러 손님 한가하면 피부 마사지 하고 작은아들 집에 가서 청소하고 빨랫감을 챙겨 온다. 그런 다음 큰며느리와 손자 만나 점심 함께 먹고 돌아오는 것이 순천행의 일과이다.

내가 이 땅에 있을 날이 얼마인지 알 수 없지만 믿음 안에서 살아가면서 자녀들을 위해 기도할 수 있고 그들도 때가 되면 교회 안으로 돌아와 대학교 때 멈춰버린 그리스도의 사랑을 회복하리라는 소망과 간구로 살아가고 있다. 돌이켜보면 순탄한 날들이 얼마나 있었을까? 8할이 바람이라고 말했던 어떤 분의 고백이 나에게도 적용이 되는 것 같다.

그래도 나에게는 감사해야 할 부분들이 얼마나 많은가!

내가 가고 싶다면 언제든지 동행해 주는 딸이 있어 고맙고,

가족들 건강 주시니 고맙고,

생활할 수 있도록 공급하시니 고맙고,

내가 안식할 수 있는 거처가 있으니 고맙고 ,

자녀들 제 할 일 성실히 하고 있으니 고맙고,

그래서 성경 말씀은 범사에 감사하라고 하지 않았던가! 다만 지나쳐 잊고 살 뿐이다.

요즘은 사는 것이 어찌나 바쁜지 70km로 달린다는 말이 맞는 것 같다.

순천에서 돌아오는 길도 여전이 같은 길이지만 아침 안개는 사라지고 화창한 날씨에 시야는 아기자기한 초록의 산들에 머문다.

하지만 큰아들 작은아들 있는 그곳을 뒤로 하고 오는 길은 왠지 가슴에 찬바람이 일고 쓸쓸한 마음이 있는 것은 나도 역시 독하지 못한 어미이기 때문이리라.

매실나무

단아한 매화의 절개는 추운 겨울의 잔설을 가르고 님을 향해 피어난다. 그윽한 꽃향기 오가는 사람을 취하게 하더니 흩날리는 꽃잎 바람을 재우며 여름의 길목에서 님의 기쁨을 위해 결실을 준비한다.

나는 몇 년 전에 다섯 그루의 5년생 매화나무가 자라는 백 평 남짓한 매실 밭을 샀다. 비포장인데다 길이 굽어 한참을 골짜기로 들어가다 보면 더 들어갈 수 없는 산이 가로막는다. 청정한 시골이라 아늑하고 공기가 맑아 산세도 수려하다.

매년 매실 담을 철이 되면 친분 있는 서너 가정을 동원하여 매실도 따고 바람도 쐴 겸 작업복 차림으로 나선다.

우리는 수북이 웃자란 잡초 위에 돗자리를 깔고 손 닿는 데서부터 매실을 따기 시작한다. 졸랑졸랑 붙어있는 청매실은 보기만 해도 새콤한 신물이 입안 가득하다. 나뭇가지 위쪽을 쳐다보니 잎새에 가려진 싱싱한 알맹이들이 햇빛에 반짝이며 총총히 붙어 있다. 손이 닿는 곳 작업이 끝난 다음 손에 닿지 않은 매실을 따기 위해 매실나무 위에 올라가 흔들기도 하고 긴 장대로 두들겨 따기도 한다. 그러면 우박이 내리듯 우수수 떨어지는 매실들이 머리 위를 강타한다. 눈이 번쩍일 정도로 아프다.

이 정도의 아픔은 매실이 주인에게 쏟아낸 노여움이거나 아니면 건강 지압이라고 생각하며 즐거운 비명을 지른다. 풀잎 사이에 숨어있는 매실 하나하나까지 다 줍고 나면 산그늘에 덮인 시골의 하루는 짧기만 하다. 우리는 수확의 기쁨을 만끽하며 분배의 원칙에 따라 많이 거둔 자도 적게 거둔 자도 똑같이 바가지로 되어 나누면 각 집에 약 30kg쯤 돌아간다.

주인이라고 예외일 순 없다. 나는 매실에 붙어있는 꼭지를 다듬고 이파리를 추려내어 흐르는 물에 씻어 물기를 빼고 매실 설탕 동량으로 항아리에 담아 약 백일쯤 발효시킨 다음 불그스레한 액즙이 우러나오면 고운 채로 걸러내어 유리항아리에 담는다. 이 매실 액을 아들딸들에게 필요한 만큼 나누어 주고 일년 내내 음료수와 가정 상비약으로, 또 설탕 대신 양념으로도 사용한다.

이뿐인가 우려낸 매실은 칼로 살을 오려내어 고추장에 버무려 장아찌로 담아두면 새콤달콤 매콤한 그 맛은 우리집 밑반찬으로 일품이다.

또 한 가지, 버릴 것이 없는 것은 매실 살을 오려낸 후 남은 씨를 끓는 물에 삶아 씨만 남을 때까지 문질러 씻은 후 햇볕에 하얗게 말려 베개로 사용하면 지압을 해주듯이 시원하고 먼지도 나지 않아, 우리 가족은 매실 베개를 즐겨한다

꽃샘추위 이겨내며 꽃향기 천리를 날려 봄소식 전해보지만 기다리는 님 소식이 없어도 매실나무는 탐스런 열매를 맺는다. 무공해 그 자체로, 님의 기쁨에만 관심을 쏟는 매실나무의 충직 앞에서 다음해에는 꽃향기 함께 흠향하며 결실 때만 나타나는 염치없는 주인이 되지 않으리라 다짐한다.

매실 따기

6월이면 연례행사로 치르던 매실 따기를 할 수 없게 되었다. 10년 넘게 가지고 있던 매실 밭을 팔았기 때문이다. 비록 다섯 그루지만 청정 잎새 사이로 오지게 달라붙은 청매실을 딸 때마다 수확의 기쁨을 누리며 교회 식구들과 함께 돗자리에 수북이 쌓인 매실을 공동으로 분배하여 매실 효소를 담았던 일이 생각난다.

금년에는 묵혀둔 매실즙이 큰항아리 반쯤 있으니 안 담가도 되지만 그냥 넘어가기 아쉬워 10kg을 담았다.

주부들은 철 따라 해야 할 일들이 있다. 매실 담기, 간장·된장·고추장·멸치젓 담기, 김장하기… 그 외에도 밑반찬들을 담근다. 그래서 주부들은 계절에 민감하다. 핵가족 시대에 시장에서 사 먹는 가정이 많지만 집에서 담근 음식 맛에 어찌 비할 수 있으랴!

큰며느리는 S작목반에서 매실나무 한 주와 감나무 한 주를 분양 받았다고 하면서 농장에 매실 따러 가자고 했다. 아무 준비도 없이 나들이 가는 기분으로 반팔 티를 입고 갔다. 같이 분양 받은 손자 친구 할머니가 팔목 토시와 면장갑을 준비해 와서 매실나무 가지에 있는 가시로부터 보호 받을 수 있었다. 농원의 매실나무는 15도 경사진 곳에 졸랑졸랑 열매를 맺어 푸르름을 자랑하고 있었다. 며느리 이름표가 붙어 있는 매실나무를 찾아 그 앞에 서니 매실 밭을 괜히 팔았다는 생각이 든다.

천매라는 품종의 매실을 손에 닿는 대로 따서 허리에 두른 자루에 담았다. 이 나무는 키울 때부터 웃자라지 못하도록 가지치기를 해서 옆으로 가지가 뻗어 있어 손쉽게 딸 수가 있었다. 네 살배기 차손까지 딸 수 있는 낮은 나무였다.

금년으로 끝내자며 투덜대던 큰아들도 수확의 기쁨을 맛보았는지 땀 젖은 손수건으로 얼굴을 닦으며 부지런히 따서 자루에 담았다.

어느새 해가 뉘엿뉘엿 넘어 갈 무렵 그곳에 있는 선별 기계로 대 · 중 · 소로 구별하여 10kg들이 박스에 담으니 11박스나 되었다. 단 한 그루 분양 받았다는데 이렇게 풍성한 소출이 나올 수 있다니….

오! 풍요로운 결실이여!

내 소유는 아니지만 이렇게 밥상을 차려놓고 먹기만 하라고 하는데도 힘들다고 푸념이니 인생살이가 어디에 기준을 두고 만족과 불만족을 따져야 할지 모르겠다.

11박스를 차 가득 싣고 돌아오는데 목과 겨드랑이 부분에 붉은 반점이 생기며 가렵고 따금거린다. 피부과 전문의 말로는 쐐기 알레르기 반응이라고 한다. 약 먹고 바르고 냉찜질하며 2~3일 치료하면 낫는단다.

이런 알레르기 반응에도 불구하고 가을에 감 따러 갈 때 나를 불러 달라고 며느리에게 미리 예약하는 지칠 줄 모르는 이 탐심과 노욕은 천연적인 힘이 빠질 때나 꺾일는지….

꿈을 심어 놓고

내가 꿈꾸었던 예견치 못한 미래가 현실 속에 이루어져 가고 있다는 것은 참으로 놀라운 일이라 할 수 있으리라. 내가 원하든 원하지 않든 가야 할 노정은 정해져 있고 그 노선을 벗어나는 일 또한 어려운 일이다. 여고 시절에 꿈꾸었던 무지갯빛 장래가 이루어지지 않을지라도 우리가 꿈을 꾸고 살 때 소망이 있는 것이다.

자신의 소질과 재능을 가늠하지 못한 채 주위의 분위기에 휩쓸려 장래를 결정하는 경우가 더러 있으며 또 적성에 맞지 않는다고 진로를 바꾸고 새로운 선택을 해 보지만, 신중하지 않을 때 세월만 낭비하기 일수이다. 나 역시 재능도 없으면서 국문학과를 선택했고 졸업하고 나서도 마음 한켠에는 늘 글로써 자신 안에 있는 것들을 분출하고 싶은 욕망으로 그냥 낙서하듯 일기장을 채울 때가 많았다.

일상은 늘 바쁘고 감정은 앞서지만 의지가 약한 자신의 한계 안에 머무르게 될 때 내가 꾼 꿈은 척박한 마른 땅에서 깨어날 기미가 전혀 보이지 않았다. 가슴으로 쓰는 시 속에 아름다움으로 슬픔으로 알알이 올올이 직조하여 예쁜 수를 놓으며 숱한 날들을 아파하며 살아온 세월을 이제라도 글로서 쓰고 싶지만, 너무 오랫동안 방치되어 잡초가 무성한 묵정밭을 일구는 일이 나에게는 역부족인 것 같다.

학업에 대한 열망은 가시지 않아 내 나이 47세에 K대학교 유아 교육학과에 편입했고 다시 이년간의 학창 시절이 덤으로 주어졌다. 유아 교육이 평생의 인성을 좌우한다는 신념하에 나름대로 다음 세대에 관심을 갖고 유아 교육에 헌신하면서 일생을 보람 있게 살고 싶었다.

젊은 여대생들 틈새에서 열심히 공부하고 그들과 어울려 나이 값을 치르며 제2의 학창 시절을 보냈다. 특히 피아노를 기초부터 배워야 했기 때문에 굳어버린 손가락은 건반 주위를 맴돌고 무용시간이면 타이즈 입고 수업을 하기 때문에 차라리 학교를 그만두고 싶은 때가 한두 번이 아니었다.

"교수님 츄리닝 입고 하면 안돼요?" 했더니,

"그러려면 전과하세요!" 하는 나보다 더 젊은 교수님의 핀잔에 더 이상 이유를 댈 수 없어 수모를 견디면서 2년을 마치고 졸업장과 유치원 교사 자격증을 받았다.

졸업 후 나는 유치원을 경영하기 위해 5층 건물을 매입하여 개원 계획과 운영 방침이며 세심한 부분까지 전문가의 자문을 구하면서 꿈에 부풀어 있었다.

그러나 인간의 경영하는 행사가 얼마나 허무하고 부질없는 것인지! 한 치 앞도 알 수 없는 것이 인생의 행로가 아닐까? 갑자기 가정에 불운이 닥쳤고 휘몰아치는 회오리바람과 함께 꿈은 산산이 부서져 버렸다. 든든한 입지를 잃은 나는 좌절의 늪에서 헤어나지 못하고 인생의 모든 꿈을 접어야 했다.

우리가 아무리 어려울지라도 어차피 넘어야 할 불가항력적인 환경이라면 나에게 주어진 현실을 직시하면서 순수하게 받아들일 수밖에 없는 것 같다. 어느 날 어느 분으로부터 나를 추천 받았다면서 구청 사회 복지과에서 전화가 왔다. 어린이집에서 한자를 가르치지 않겠느냐는 것이다. 아마 노인 복지 일자리 창출의 일환인 것 같았다. 나는 생각해 볼 겨를도 없이 그러마고 대답을 하고 나서 자신이 없어 걱정이 되었다.

학생들을 가르쳤던 일은 대학 갓 졸업하고 고향에 있는 시골 중학교에서 이삼 년 국어를 가르쳤던 일이 고작인데 어떻게 새삼 어린이들을 가르칠 수 있을까? 그래도 꿈은 부풀어 있었다.

마침 어린이집에 할아버지 한자 선생님이 계셔 배워가며 가르칠 수 있어 다행이었다. 교회에서 운영하는 어린이집인데 4세부터 6세까지 20명 정도 세 반으로 나이 별로 나누어 배우고 있었다. 내 손자 같은 아이들이지만 긴장하며 교실로 들어갔다. 떠들어대던 어린이들이 갑자기 조용해지며 나를 보고 놀란다.

아이들과 인사 소개를 하고 바로 한자 공부를 시작했다. 이미 한자에 대한 인식을 하고 있었고 보고 읽는 솜씨가 보통이 아니었다. 훈〈뜻〉과 음까지 유창하게 읽어가는 것을 보니 잘못 가르쳤다가는 낭패를 볼 것 같아 신중하게 무게를 잡고 가르칠 때 담력이 생겼다.

내가 어렸을 때 서당에서 천자문을 배웠던 것을 생각하면 별로 놀랄 일도 아니지만 요즘 아이들은 더 영특하여 이해가 빠른 것 같다.

"할머니 이 한자는 무슨 자에요?" 어떤 장난꾸러기 아이들은 놀리기까지 한다.

"할머니, 할머니!" 부르면, "선생님이라고 부르세요." 하고 정정해 주면서 속으로 웃는다. 할머니면 어떻고 선생님이면 어떻냐. 그래도 아이들을 가르치는 입장에서는 선생님이란 호칭이 더 좋은 것 같다.

아이들의 천진난만한 눈동자 속에서 맑은 영혼을 읽으며 참새처럼 재잘거리며 떠들어대는 모습을 보니 내 손자처럼 귀엽고 예쁘다. 한자를 크게 복사하여 나누어 주면 아이들은 꼬막 같은 손으로 글자 위에 열심히 색연필로 덧칠을 하면서 한자를 익혔다.

또 한자 낱말 카드를 피아노 위에 쭉 늘어놓고 읽도록 하면 큰 소리로 합창하여 날일 日, 물수 水, 눈목 目, 열십 十, 큰대 大, 개견 犬, 하늘천 天, 나무목 木, 비우 雨… 이렇게 술술 읽어 내려간다.

나는 "날 일에 가운데 하나 일을 더 그으면 눈 목. 큰 대에 위에 점 하나

찍으면 개 견, 큰 대 위에 하나 일을 그으면 하늘 천, 비 우는 무슨 모양 같아요? 비가 오는 것 같아요." 이렇게 아이들을 가르치다 보니 아이들은 신바람이 나고 나도 젊어진 것 같아 잠시나마 노후 생활에 활력소가 되었다.

두 학기 동안의 짧은 계약 기간이었지만 이십여 년 전의 늦깎이 유아 교육의 꿈이 순간 이루어진 것 같아 기뻤다. 마른 땅에 씨를 심었을지라도 환경과 기후가 갖추어지면 언젠가는 발아 되리라는 소망을 가지고 불씨가 사그라지지 않도록 기도하며 소중히 간직할 때, 꿈은 반드시 이루어지리라는 희망을 갖게 된다.

제6부

해외 여행

언어 불통의 변

15년 전 벨기에의 수도 브뤼셀을 방문했던 때의 일이었다. 두 딸아이들이 유학중인 그곳은 면적은 작지만 도시는 깨끗하고 조용한 곳이었다. G 7 건물이 가까이에 있는 아이들 셋집은 여러 채의 허름한 연립 주택 중 한 채였다. 조그마한 부엌을 거쳐 이층 계단으로 올라가면 목욕탕이 딸린 화장실과 열 평 남짓한 두 개의 방이 있다.

먼저 바이올린을 전공한 딸이 대학을 졸업하자마자 유학을 왔고, 막내딸은 대학을 한 학기 조기 졸업하고 언니 있는 곳에 여행차 다녀오겠다고 하더니 왕립 미술원에 입학하게 되어 두 딸을 브뤼셀로 유학을 보낸 계기가 된 것이다. 예술 방면으로의 힘겨운 진로를 선택하여 타국에서 언어 소통도 쉽지 않은 상태에서 힘겹게 생활하는 두 딸이 대견스럽기도 하고 한편 안쓰러웠다. 바이올린 악기 하나를 평생 분신처럼 안고 살고 있는 딸아이는 일곱 살 때부터 지금까지 음악에 대한 열정과 인내로 고집스럽게 긴긴 이 한길을 가고 있는 것이다. 두 딸이 학교에 가고 나면 집안을 정돈하고 내가 있는 동안이라도 따뜻한 밥을 짓고 집에서 가져온 밑반찬으로 저녁을 준비하여 아이들을 기다린다.

언어와 지리를 모르니 선뜻 밖으로 나갈 수도 없고 하루 종일 집에 있자니 너무 지루하여 대문 밖을 나서면 이방인들만 지나는 낯선 거리를 두리번거리다 마켓에 들러 빵이나 과일을 사오기도 했다. 언어가 통하지 않으니 얼마냐고 묻지도 못하고 물건을 집어 들고는 가장 높은 단위의 지폐를 내민다. 거스름돈을 받으면서도 남은 돈을 계산 할 수 없으니 세어보지도 못하고 그냥 지갑에 넣게 되었다.

집 근처에 공원이 있어 그곳을 찾기도 한다. 호수 공원은 물고기와 물오리 떼도 한가롭게 헤엄치고 수백 년 된 아름드리 나무 사이로 다람쥐가 숨바꼭질하는 한가로운 곳이다. 이곳에서는 까마귀가 길조라고 하는데 사람 가까이 있어도 날아가지 않고 모이를 주워 먹는다. 이름 모를 꽃이며 아름드리 밤나무에서 떨어지는 알밤이며 시원한 가을바람이 부는 공원은 너무 아름다운 곳이었다.

한번은 혼자 집에 있기가 너무 무료하여 아이들과 몇 번 이용했던 지하철을 탔다. 한국에서 보지 못한 광경들이 눈에 띄었다. 어떤 사람이 기타를 치면 옆에 있는 바구니에 동전을 던져 주기도 하고 남녀가 스스럼없이 부둥켜안고 키스를 해도 무덤덤한 사람들. 나는 민망스러워 얼른 창밖으로 고개를 돌렸다. 지하철에 연결된 백화점에서 내려 아이 쇼핑을 하고 딱히 살 것도 없으면서 이리저리 구경하다보니 시간이 많이 지났다. 집에 돌아오려고 지하철 입구를 찾았으나 어디가 어디인지 알 수가 없었다.

백화점을 몇 바퀴 빙글빙글 돌다보니 거의 한 시간이 지났을 때야 겁이 더럭 났다. 이제는 엉터리라도 내 의사를 표현할 때가 된 것 같았다. 불어와 영어를 함께 쓰는 곳이기에 불어는 한마디도 할 수 없으니 궁하면 통한다고 중학교 때 배운 영어 단어를 동원하여 돌파구를 찾기로 하고 어떤 중년 신사에게 다가서 말을 걸었다. “죄송합니다. S마을로 가려면 어느 방향으로 가야 합니까?” 너무 당황하여 주어 술어도 없이 낱말만 나열했는데도 알아들었는지 지하철 입구까지 친절하게 바래다주었다. 나는 너무 고마워 땡큐를 연발하면서 집에 돌아와 아이들과 오늘 일어난 일을 이야기하면서 한바탕 크게 웃었다. 세계 공통어인 영어만은 알아두어야 어디를 가도 두려움이 없을 텐데 사실상 회화 공부는 엄두도 낼 수 없으니 누가 동행하지 않으면 영락없이 집나간 강아지 꼴이 될 것 같았다.

아이들은 귀국하기 전에 유레일패스를 끊어 독일과 프랑스를 구경시켜 주었다. 교과서에서만 배웠던 파리 예술의 거리 몽마르뜨르 언덕에 올라 직접 주위를 돌아보니 감개무량하다. 그 곳에는 초상화를 그리는 화가가 있는가 하면 유명한 화가들과 시인들이 살았다는 아뜨리에가 그대로 보존되어 있었다. 언덕 위에 세워진 고딕 양식의 웅장한 사크레쾨르 대성당을 보니, 화려한 그 시대 조각가들의 장인 정신이 숨쉬는 듯했다. 저녁에는 불빛이 휘황찬란한 세느 강변에서 유람선을 타고 밤하늘에 빛나는 별들과 차갑게 떠있는 보름달을 보니 고국에 있는 아이들이 생각나 나도 모르게 눈물이 주르르 흐른다. 다음 날은 독일로 가서 라인 강변의 낭만을 만끽하며, 여기까지 왔으니 로렐라이에도 가보고 싶었지만 생각 안에 있는 그림이 더 아름다울 것 같아 말없이 접고 시가지를 구경하고 독일에 유학온 딸 아이의 친구 집에서 하룻밤을 묵었다.

귀국할 날이 다가오자 내심 걱정이 되었다. 아이들은 신학기가 시작되어 같이 나올 수가 없고 혼자서 귀국해야 하기 때문에 막내딸은 그곳에서부터 집으로 돌아오는 코스를 자세히 적어 주었다. 문제는 한국행 직항편이 없다는 것이다. 벨기에서 탑승하여 암스테르담에서 내린 다음 대한항공으로 갈아타야 했다. 우려했던 대로 암스테르담에서 내렸는데 어디로 가야 할지 방향 감각을 잃었다. 말문이 닫혀 있으니 물어 볼 수도 없고 이러다가 국제 미아가 되지 않을까 내심 불안했다. 기본적인 영어 회화만큼은 배워 두었어야 했는데 이제야 후회하고 있으니 자신이 한심스러웠다.

비행기 타야 할 시간이 가까워져 올수록 가슴은 두근거리고 방망이질을 한다. 급한 대로 둔한 입을 열기로 하고 승무원이 지나가자 코리아 에어플레인을 연발했다. 그분은 알아들을 수 없다는 듯 고개를 갸웃거리더니 웃으면서 입구 쪽을 가르쳐주었다. 아마 코리아라는 한 단어가 귀에 익은 것이 아니었을까? 나는 땀을 뻘뻘 흘리며 그곳으로 갔더니 한국사람 두 분이 있는 것이 아닌가! 그들은 원양어선 선원인데 전라남도 진도가 고향이라는 말에 전쟁터에서 구원병을 만난 듯 반가웠다.이 분들만 따라가면 국제미아는 되지 않겠구나 싶어 안도의 숨을 내쉬며 생에 가장 긴 한 달간의 휴가를 마칠 수 있었다.

신비의 계곡

요세미티에서 일박하고 해안을 따라 구불구불 17마일 로드를 지나 바다 가운데 서 있는 섬 바위 위에 뿌리를 내리고 서 있는 론리 사이프러스(외로운 소나무) 한 그루를 보았다. 척박한 환경 속에서도 파도와 바람을 견디며 짠물을 먹고 숨쉬고 있는 사이프러스의 외로움이 내 마음의 틈새를 비집고 들어온다. 자이언 캐년(Zion Canyon)으로 가는 길은 황량한 사막길이다. 드문드문 겉마른 풀과 목마른 선인장이 차창을 스칠 뿐 바람에 퇴적된 모래성은 뙤약볕 속에서 무덤처럼 고요하다. 한나절 길을 달리니 조그만 한 인가가 나오고 가게가 나왔다. 거기서 시원한 아이스크림과 음료수와 과자와 햄버거를 사와 목마름과 배고픔을 달랬다. 금강산도 식후경이라더니 칭얼대던 장손도 잠잠해졌다.

사막을 빠져 나오자 초원이 열리고 멀리 보이는 산기슭에는 나무들이 파수 보는 군대처럼 즐비하게 서 있고 바위들은 마치 갓 무지개 구름떡을 잘라 놓은 듯 김이 무럭무럭 피어올라 산기슭을 장식하고 있었다. 언뜻언뜻 스치고 지나가는 아름다운 경치를 구경하면서 창조주의 신비한 솜씨에 감탄을 쏟아냈다.

자이언 캐년에 도착한 우리 가족은 차를 주차한 후 이곳저곳을 관광하면서 친밀하게 캐년에 접근하고 싶어서 경비행기를 타지 않기로 했다.

유타주 남서부에 위치한 자이언 캐년은 버진강 북쪽의 지류인 노스포크에 의해 400만 년에 걸쳐 형성된 신의 정원이라고 한다. 붉은색의 퇴적암을 파고 들어간 형형색색의 모래 위에 고원과 붉은 암색으로 쌓여 있는 가파른 수직 장벽을 양면에 거느린 어마어마한 장면은 보는 이로 하여금 황홀경에 빠지게 한다. 햇살에 따라 시시각각으로 변하는 아름다운 색상의 바위와 푸른 하늘과 협곡의 어울림이 천상의 정원이라 부르는데 부족함이 없을 것 같다. 강물에 씻기어 지나간 자리에 흉터처럼 새겨진 자국이 선명하고 그 위에 나무와 꽃들이 피어 아름답다. 시월 중순의 싸늘한 날씨에 싸락눈이 내리고 단풍잎은 붉게 물들어 바람에 날려 이마를 스친다.

우리는 눈물을 흘리는 바위를 구경했다. 위에서 물이 계속 떨어져 물에 의해 침식되어 눈물을 흘리는 형상으로 새겨져 있었다. 인간의 지혜로서는 형용할 수 없는 자이언의 신비를 만끽하고 돌 설 때 무언가 주님과의 아름다운 교감이듯 가슴이 벅차 옴을 느꼈다.

우리는 다시 브라이스 캐년으로 향했다. 자이언 캐년의 웅장함을 남성에 비유한다면 브라이스 캐년의 잔잔하고 섬세함을 여성에 비유한다고 한다. 1,300만 년 전에 생긴 이 협곡은 암석이 지상에 솟으면서 물에 깎이어 무수한 기암 봉우리를 이루어 황토색 특유의 색상을 자랑하고 있었다. 수만개의 섬세한 첨탑 또한 자이언 캐년처럼 지류의 힘에 의해 본래의 토사가 변하여 생겼다는 것이다. 지류의 위력이 얼마나 강한지를 새삼 느끼게 한다. 우리는 하루에 두 캐년을 구경하기에는 너무 시간이 빠듯했지만 다음날 그랜드 캐년에서 일출을 보기위해 아쉬운 작별 인사를 하고 길을 떠났다. 산길을 달리다보니 야생 사슴 대여섯 마리가 길에서 방황하다가 자동차 소리에 놀라 숲속으로 달아나는 모습도 보였다.

그랜드 캐년 숙소에 도착한 시간은 자정이 넘어서였다. 자는 둥 마는 둥 새벽에 일출을 구경하기 위해 일찍 일어나 일출 포인트로 유명하다는 마더 포인트로 향했다. 쌀쌀한 날씨에 가는 눈발이 날리지만 다시는 올 수 없을 것 같아 추위를 참을 수 있었다. 빗살무늬를 그리며 떠오르는 눈부신 햇살에 소원을 담아 보내며 무등산에서 새해에 소원을 빌며 맞이했던 때보다 더 절실함을 담아 기도했다. 이곳저곳 그랜드 캐년의 장엄한 협곡의 신비함을 사진기에 담으며 시(詩)로도 그림으로도 다 표현할 수없는 절경에 눈을 감는다. 아름답고 보람 있는 8박 9일 동안의 미국 서부여행을 마치고 귀국할 때는 피곤함도 잊은 채 무언가 가슴 가득 뿌듯함으로 채워지는 고희 여행이 되었다.

자이언 캐년

가도 가도 황량한 사막
시나브로 부는 바람은
허물어진 모래성 다독이고
가시 세운 선인장 천년 세월이 목마르다

분진 뒤집어 쓴 차바퀴 열 받으며
이정표 하나 없는 길 한나절 달려
엄위한 절벽의 비산 앞에 서니
머뭇거린 내 마음 무색하다

태초부터 계신 분의 쉼 없는 작업
정(釘)으로 다듬은 아픈 자국은
지고한 예술로 승화하고
발걸음 붙잡 절경 따라
시월 낮달이 동행한다

언제 너 다시 볼 수 있을까
아쉬운 구석구석 카메라에 담아
이 긴 여로에 서서
다시 오신다는 당신 약속 있어
시온의 영광 빛 인해 위로를 받는다

모리알타 공원을 걸으면서

인천공항에서 호주 아들레이드로 가는 직항편이 없어 싱가포르를 거쳐 15시간이란 긴 여정 끝에 손자들이 유학중인 아들레이드에 도착했다. 아이들이 이곳에 온 지 벌써 일년 반이 되었다. 힘겨웠던 작년과는 달리 이제는 학교생활에 잘 적응하고 있으며 친구들과의 대화도 능숙하게 되니 아이들 얼굴이 활짝 핀 것 같다.

이래서 젊은 부모들은 경제적인 손실을 감내하면서 조기 유학을 보내는가 보다. 한국처럼 이 학원 저 학원 뺑뺑이 돌리지 않아도 자유롭게 공부하면서 푸른 그라운드에서 마음껏 뛰놀며 공차기도 하면서 즐거워하는 아이들을 보니 마음의 여유를 찾은 것 같아 대견스럽다.

나는 이번 여행이 며느리와 손자들과의 친해질 수 있는 기회인 것 같아 먼저 아이들에게 해줄 수 있는 것이 무엇인지 생각하면서 아이들이 좋아하는 김치도 갈비찜도 장조림도 해주었더니 맛있게 잘 먹는다. 열 살, 여섯 살 손자들 어렸을 때의 이런 유학생활이 그들에게 아름다운 추억으로 기억되기를 바랄 뿐이다.

잠시 일이 년 어학 연수는 바람직할지 몰라도 가족이 오래 떨어져 산다는 것은 득보다는 손실이 더 클 것 같다는 생각이 든다. 우리나라의 기러기 아빠들은 외로움과 지친 생활로 우울증과 영양실조를 겪고 있다고 한다. 유학을 하다보면 부모들은 욕심이 생기고 아이들은 외국문화에 젖어 고국의 정서를 배울 기회를 놓쳐 버릴 수가 있다.

처음에 우리 아이들도 1년만 유학하고 오겠다더니 일 년을 더 연장하여 연말에나 귀국할 예정이란다.

혼자서 생활하는 아들을 볼 때마다 얼굴이 수척한 것 같아 안쓰럽고 애틋하다. 더 이상은 방관할 수 없어 시어머니의 권위를 행사하여 귀국을 종용했다.

오늘은 며느리와 두 손자와 함께 모리알타공원을 산책하기 위해 길을 나섰다. 차로 20분 정도 소요되는 거리였다. 이곳 사람들은 비가 오는데도 우산 쓰고 다니는 사람들이 없었다. 여우비는 금방 그치고 맑은 하늘에 구름이 점점이 떠다닌다. 이 공원은 넓고 깨끗하다. 사뭇 오래된 나무들이 울창한 숲을 이루고 모리알타 계곡에서 흐르는 시냇물은 초봄으로 접어든 이곳의 쌀쌀한 정취를 느끼게 한다. 화산이 폭발하여 생긴 듯한 떡시루처럼 켜켜이 층을 이룬 바위틈에서는 이름 모를 노오란 꽃들이 산기슭을 화려하게 장식하고 있었다.

유칼립투스라 부르는 연륜을 알 수 없는 고목나무 위에 메그파이(까치의 일종)새들은 둥지를 틀고 산란기의 광기로 어린아이들의 머리를 공격한다고 한다. 여섯 살 차손은 학교에서 그 새의 공격을 받은 터라 새소리만 듣고서도 머리를 감싸 안으며 부리나케 달려 올라간다.

신선한 공기를 마시며 산등성이를 따라 얼마쯤 오르니 제1폭포가 위용을 드러내며 물줄기를 쏟아내리고 있었다. 우리는 그곳에서 기념 촬영을 하고 내 생전에 다시는 올 수 없으리라는 생각에 순간 알 수 없는 쓸쓸함이 나를 엄습한다. 더 올라가면 제2, 제3 폭포가 있다고 했지만 아이들을 데리고 오르기엔 너무 무리일 것 같아 되돌아섰다. 날씨가 화창한 날은 캥거루와 코알라가 뛰어노는 아름다운 공원이라고 하니 천연자원을 유산으로 보존하면서 자연 환경을 중요시하는 나라인 것 같다.

광주에 있는 무등산도 이제 국립공원으로 지정되었으니 우리부터 자성하여 아름다운 산으로 가꿀 뿐 아니라 자부심을 가지고 깨끗하게 관리하여 입석대, 서석대, 봉황대, 장불재 등 무등산 1,187m의 장엄한 주상절리대의 위상을 높여 국립공원으로서의 면모를 갖추었으면 하는 바람이다.

외국에 나오면 누구나 애국자가 된다고 하더니 나 역시 오늘 따라 고국의 하늘이 그립고, 다람쥐 바위벽에 숨바꼭질하고 산비둘기 구구구 우짖는, 가을이면 애기단풍 붉게 물든, 누구에게나 가슴이 열린 무등산에 오르고 싶다.

*모리알타 공원 ; 호주 아들레이드에 있는 공원.

한 지붕 두 가족

아이들이 호주로 유학간 지 벌써 일 년이 넘었다. 여기서 갈 때는 일 년만 있다가 나오겠다며 떠났던 아이들이 막상 그곳에 있다 보니 일 년으로는 부족하겠다 싶어 일 년을 더 연장하여 있겠다는 것이었다. 내가 도움을 줄 수 있는 것도 아니고 성년이 되어 가정을 이루게 되면 부모라도 마음대로 말릴 수는 없는 것이다.

큰아들과 작은사위는 유학 국가를 호주로 정하고 인터넷을 검색하여 한인들이 많이 살지 않은 한적한 도시 아들레이드를 택하여 신학기를 맞추느라 부랴부랴 준비하여 유학길에 올랐다. 아무 연고도 없는 곳에 정착하여 살기란 쉽지 않은 선택이었다. 더구나 시누이와 올케란 견원지교(犬猿支交)와 같기 때문에 요즘 시 월드에서는 '시' 자라면 시금치도 싫다는 말이 나올 정도다

아래층에서는 딸 가족 세 명이, 위층에서는 며느리 가족 세 명이 사는 한 지붕 두 가족이 수영장까지 갖추어진 꽤 넓은 집을 임대했다. 갑자기 집을 찾을 수가 없어 주에 80만원이라는 거금을 주고 외국 생활을 시작했다. 집세와 학비, 생활비 이렇게 많은 경비를 감당할 아들을 생각하니 걱정이 태산 같다. 돈은 쓸려고 버는 것이고 또 벌면 되는 것이라고 걱정하지 말라는 긍정적인 마인드를 가진 아들이 대견하다.

막내딸은 브뤼셀에서 5년 동안 유학한 경험이 있어 언어로 인한 불편은 덜하겠지만 다른 가족들은 낯선 외국에서 적응하는 데 많은 어려움이 있었

다. 외손녀는 6학년에, 장손은 4학년, 외손은 1학년, 차손은 외손과 같은 나이인데도 생일이 늦어 유치원에 각각 뿔뿔이 흩어져 입학했기 때문에 더욱 힘들었다. 언어가 통하지 않으니 적응하기가 어려워 몇 개월 동안은 학교에 갈 때마다 울며 학교 가지 않겠다고 떼를 쓰는 아이들을 학교에 들여보내 놓고 돌아설 때는 발걸음이 떨어지지 않았다고 한다. 학교에 보낸 후 딸과 며느리는 유학 비자로 왔기 때문에 언어 학원에 가야 했다. 한마디로 유학생이 6명이나 된다. 공부 욕심이 많은 외손녀는 수업시간에 듣고 말할 수 없어 스트레스를 많이 받았다. 아이들은 외국인 학교에서 말 한마디 못하고 입 꾹 다물고 있다가 집에 돌아오면 저희들끼리 신이 나서 재잘거리며 즐거워했다.

식빵과 과일 몇 조각으로 도시락을 싸주어도 외국인 친구들과 같이 어울리지 못하고 운동장 나무 그늘에 앉아서 점심을 먹었다.

"재민아 점심 먹을 때 무슨 생각을 했니?" 하면 일 학년짜리 외손은 "하늘 한번 보고 땅 한번 보고 나뭇잎도 보고 엄마 생각하며 먹었지!" 이럴 때면 아이가 안쓰러웠다. 아이들의 이런 유학 생활이 성년이 되어서는 아름답게 기억 되었으면 좋겠다.

이렇게 힘든 시간들이 지나가고 일 년 반에 접어들면서 아이들은 외국생활에 점점 적응하게 되고 친구들과도 어울리게 되었다. 외국인 부모와 아이들을 초대하여 식사를 같이 하면서 유대를 갖게 하였더니 함께 놀면서 입이 열리고 듣기도 했다. 이때부터 아이들은 외국생활에 맛이 들기 시작했다. 어른들이 몇 년 배워도 할 수 없는 언어를 일 년이 조금 넘으니 아이들끼리 놀면서 외국어를 구사하게 되었다. 유학 간 대부분의 아이들이 외국생활에 적응하게 되면 그곳에서 나오지 않겠다고 한다니, 우리 아이들은 그곳에서 정신을 빼앗기기 전에 귀국해야 한다는 생각을 했다.

아이들 귀국을 6개월 남기고 우리 가족은 아이들이 유학중인 아들레이드에 갔다. 조용하고 한적한 도시에 해안도로가 끝없이 펼쳐져 있었다. 주말이 되어 피크닉을 갔다. 고기와 소시지를 사고 김치와 김밥을 준비하여 해변 가 공원에서 바베큐 파티를 했다. 갈매기 떼들이 고기 굽는 냄새에 모여 들었다. 바베큐 할 수 있는 시설이며 식탁과 의자도 갖추어 있어 편리하게 식사를 할 수 있었다. 공원에는 우리처럼 가족 나들이 온 사람들이 많았다. 해변을 따라 말을 타고 천천히 걷는 사람들의 여유도 보인다. 오랜만에 아이들은 고기 떼가 물을 만난 듯 공원 여기저기에 있는 놀이 시설에서 휴일을 만끽했다. 지구 이편이나 저편이나 문화가 조금 다르지만 사는 것은 다 똑 같은 것 같다. 아이들은 적당히 놀면서 성장해야 하는데 우리나라는 너무 주입식 교육에만 치중하게 되니 어린이답지 않게 지식은 많은데 정신적으로 지혜는 부족한 것 같다. 웃자란 곡식처럼 자고하며 알맹이가 없는 이기적인 아이들로 자랄까 걱정이다.

우리는 세마포 해변에서 깨끗한 모래사장을 걸었다. 고운 햇살이 바다 위에 은가루를 뿌린 듯 반짝인다. 모래 위로 아주 작은 조가비 한마리가 실처럼 가는 금을 길게 그리며 지나간다. 나는 조가비의 지나가는 길을 따라 걸었다. 밀물이 들면 금방 스러져 버릴 흔적들, 우리 인생도 이와 같이 지나가겠지! 철썩이다 조류 따라 밀려가는 바닷물처럼….

아이들과의 행복했던 2주 동안의 호주여행은 할머니와 손자들과의 친교뿐만 아니라 임씨 집안에 시집 온 고부간의 사이를 돈독히 했던 기간이었다.

한 지붕 밑에서 두 가족이 살면서 손 맞은 아이들이 싸울 때 시누이와 올케의 불편한 관계도 있었을 것이지만 참고 잘 살아준 딸과 며느리가 고맙다.

돈 내고 감옥 가다

초봄으로 접어든 호주의 날씨는 아직 쌀쌀하다. 잿빛 하늘이 금방이라도 비를 쏟아낼 듯 을씨년스럽다.

첫 밤을 호주 숙소에서 지낸 우리는 세 가족으로 나누어 자유 투어를 하기로 하고 뿔뿔이 흩어졌다. 나는 큰딸 가족과 함께 하기로 하고 그 가족이 움직이는 대로 따랐다.

사위는 안내 책자를 구해 호주에서 유명하다는 곳을 찾아다녔다. 우리는 국가에서 운행하는 35번 트램을 타고 종점에서 내려 쇼핑을 하다가 다시 승하차(乘下車)를 거듭하면서 명소를 찾아다니니 오늘 하루 피곤하긴 해도 교통비를 번 기분이다. 우리 일행은 피츠로이 공원에 들렀다. 넓고 푸른 잔디에서 풋볼을 하는 아이들이며 오리 가족 7형제가 풀밭을 뒤뚱거리며 모이를 찾아다니는 모습이 한가롭다.

원주민이 심었을 법한 수백 년 된 우람한 나무들이 밖으로 뿌리를 드러낸 채 풍상을 견디다 못해 커다란 홈이 패어 있었는데 그 속에 홀씨가 날아와 다른 식물이 자라고 있는 모양이 연리지를 연상케 한다.

오늘이 마침 주일날이라 멜본시에 있는 페트릭 성당에 들어가 맨 뒷좌석에 앉아 호주에서 여행중인 우리 가족의 안위와 함께 오지 못한 작은아들 가족과 둘째딸을 위해 기도드리고 나서 웅장한 고딕 양식의 성당 건축물을 둘러보았다. 건축 양식이 정교하고 고풍스러워 발길을 멈추게 한다.

우리는 햄버거와 콜라로 점심을 때우고 또 움직이기 시작했다.

"엄마 피곤하지?"

"아니."

"우리 엄마 다음에 안 데리고 올까봐 안 그런 척하는구나!"

그래 맞다. 고희가 지나고 보니 예전 같지 않고 다리가 팍팍하다. 그러나 분위기를 깰까봐 건강한 척 열심히 따라다닌다.

사위는 이곳에서 가장 오래된 멜본 감옥에 들어가려고 표를 샀는데, 다섯 사람이 입장하는 데 한화 십이만 오천 원이란다. 돈 내고 감옥 들어가기가 아깝지만 이것도 지나고 보면 추억이라 생각하며 아무 소리 못하고 삼층으로 된 감옥에 들어가 구경했다.

1841년에 지어졌다는 이 감옥은 172년이 지난 지금도 그때 죄수들의 생활상을 적나라하게 보여주고 있었다. 1972년에 호주 문화 협회가 운영하는데, 박물관으로 잘 보존되어 관광객들로부터 입장료를 받아 국가 세수를 확보하고 있다고 한다.

135명이나 형장의 이슬로 사라진 교수대의 굵은 밧줄이 먼 옛날을 이야기하듯 대롱거리고 있었다. 죄수들은 한 평도 안 되는 독방에서 하루에 1시간의 개인운동을 제외하고는 23시간을 담요 한 장으로 지냈다고 한다. 죄목이 무엇인지는 알 수 없지만 인간으로서의 최소한의 권리를 박탈당한 채 처참한 생을 마쳤을 그들에 대해 알 수 없는 비애를 느낀다.

뿔뿔이 헤어져 관광을 마치고 숙소에 돌아온 가족들이 박물관에 갔느니 미술관에 갔느니 서로가 경험했던 오늘의 이야기들을 꽃피울 때 큰딸이 호들갑을 떨며 분위기를 바꾼다.

"우리 돈 내고 감옥 갔다 왔다."

"무슨 감옥?" 큰아들이 의아해하며 묻는다.

"한 사람당 이만 오천 원이라는 거금이다."

"그 돈 있으면 맛있는 거 사먹겠다! 두부도 사먹었어?" 큰아들이 눈치챈 듯 맞장구를 친다.

"나는 오늘 관광 중에 돈 내고 감옥 간 것이 제일 인상적이드라." 내가 한마디 거드니 큰사위는 구원병을 얻은 듯 소리 내어 웃는다.

온 가족은 피곤함도 잊은 채 자정이 넘도록 다과와 외인을 마시며 즐겁게 노는 동안, 나는 잠자리에 들었지만 이런 저런 생각에 사로잡힌다.

이 시간 당신이 함께 했다면 자녀들 다 불러놓고 축배를 들면서 술잔을 높이 들고 E. 에이츠의 시(詩)에 자작곡으로 멋들어지게 한 곡 뽑았겠지!

사랑은 눈으로 들어오고
술은 입으로 들어오다
우리가 살면서 배울 진리는
오직 이 두 가지뿐
나는 술잔을 들고
그대를 바라보며 탄식하노라.

아이들이 부딪치는 와인 잔 소리에 당신의 생전 즐겨 부르던 음류시(音流詩) 한 소절이 잔잔한 파문을 일으키며 내 가슴 속으로 파고든다.

10%의 횡재

마이애미 여행을 마무리하면서 우리는 중저가 쇼핑몰을 찾았다. 여행이 끝나고 집에 돌아가려고 하면 식구들 선물이 생각나지만 한국에서도 없는 것이 없으니 선물을 기대하지도 않고 빈손으로 대해도 민망하지 않은 추세이다. 딸과 며느리를 따라 몰에 들어간 나는 여기저기를 기웃거리다가 여행 가방이 너무 무거워 하나 교체하기로 하고 매장을 둘러보았다. 애들은 한국에서 잘 알려진 유명 메이커 제품이라도 절반 정도면 살 수 있다고 제품을 고르느라 분주하다. 나와 며느리는 여행 가방을 하나씩 사고 딸은 두 손녀의 옷가지와 신발을 샀다.

이 나이에 필요한 것이 무엇이겠냐 하겠지만 심리적으로 여자의 마음은 노소가 다를 바가 없는 것 같다. 나 역시 무관심한 척하지만 명품에 시선이 끌린다. 나름 욕심이 없다고 생각했는데 여행 할 때마다 꼭 사야 하는 물건을 놓치고 나서 집에 돌아오면 이번에도 놓쳤구나 하는 아쉬움이 남는다.

나는 결혼 예물로 스위스 산 세이코 시계를 받았는데 결혼 2년 후에 친정 조카가 여중에 입학하게 되자 선물할 돈이 없는 남편은 내 결혼 시계를 입학 선물로 주자고 졸라댄다. 몇 번 거절하다가 남편의 성화에 못 이겨 조카에게 시계를 선물한 이후로 50년 동안을 시계 없이 살아왔다. 딱히 필요한 것은 아니었다. 핸드폰에서 시간을 보면 되었다. 그러나 예쁜 시계를 팔목에 차고 다니는 사람을 보면 문득 사랑땜도 하지 못하고 내 팔의 궤도를 벗어나 버린 시계가 떠오른다.

나는 매장을 한 바퀴 돌다가 시계 매장 앞에서 발걸음을 멈추었다. 반짝 반짝 빛을 내며 내 시선을 붙잡는 것은 다름 아닌 그때 그 시계는 아니지만 세이코 시계가 나를 충동한다. 딸이 얼른 내 곁에 오더니 "엄마 시계 사고 싶어?" 한다. 맘에 품고 있던 생각이라 그렇다고 대답을 했다. 망설이지 말고 사라는 딸의 부추김에 예쁘고 비싼 시계도 많은데 나는 세이코만 고집했다.시계를 팔목에 찼지만 별 감동은 없었다. 오히려 거추장스럽다. 내 팔목을 장식했던 결혼시계는 이미 50년의 긴 세월 속에 묻혔기 때문일까?

물건을 다 사고 계산대 앞으로 갔다. 여행 가방 두개와 아이들 옷가지를 계산하려는데 오늘이 실버 먼데이라는 것이었다. 65세 넘은 사람이 월요일에 물건을 사게 되면 10% 할인을 해 준다는 것이다. 내가 산 물건뿐 아니라 아이들이 산 물건까지 할인을 받게 되어 우연한 횡재에 모두 좋아한다.

살다보면 우리 일상이 팍팍하고 힘들 때가 있지만 오늘 같은 우연한 횡재가 삶의 기폭제가 되기도 한다.

숙소에 돌아온 우리는 고국의 설날을 생각하면서 침대 위에서 세배를 받고 덕담을 주고받으며 세배 돈을 달러로 주었더니 여기서도 환차익으로 얻은 달러의 10%의 횡재에 기뻐한다. 행복해하는 아이들을 보니 자식들에게 베풀 힘이 있을 때 해주는 것 또한 부모의 기쁨인 것 같다.

여행 후 집에 돌아올 땐 여행가방 가득히 피곤만 담아 오지만 몇날 며칠 동안 가족과의 즐거운 동거가 쉬이 가시지 않아 즐거움은 배가된다. 우리 집은 어른들이고 아이들이고 간에 공평한 분배를 주장하기 때문에 이곳에 오지 못한 식구들에게도 세뱃돈을 줄 때 10%의 횡재를 안겨줄까?

나는 자식들에게 똑같은 사랑을 하고 공평하다고 주장하지만 아이들 눈에는 불공평하다고 투덜댄다, 새끼손가락만 사랑하고 관대하다고….

러시안 힐과 요세미티 국립공원

샌프란시스코에서 개최하는 국제 안과 세미나 참석차 이곳을 오게 된 큰아들을 따라 큰딸 가족 네 명과 아들 가족, 나까지 아홉 명의 대가족이 동행하게 되었다.

내년에 고희인 나를 위해 큰아들이 마련한 여행 선물이다. 부담스러워 거절했지만 이런 기회가 아니면 언제 해외여행을 하겠느냐고 조금이라도 건강할 때 다녀오자는 아들의 권유에 따랐다. 장거리 여행인데 이 나이에 아프기라도 하면 어쩌나 걱정 반 기대 반 못 이긴 척 따라 나섰다.

그곳에 도착하니 고압선을 따라 전선들이 가로세로 얽혀 있고 산 아래 있는 집들이 그림처럼 아름답다. 우리는 차를 렌트하여 숙소인 하이얏트 호텔에서 짐을 풀자 말자 세계에서 가장 아름답다는 현수교 골든게이트 브릿지(금문교)를 찾았다. 1933년에 착공하여 4년에 걸쳐 완공했다는 이 다리는 전체 길이가 2,789m이고 다리 양쪽에 우뚝 서 있는 탑의 높이는 224m, 수면 높이는 66m인데 다리 아래로 대형 선박이 왕래한다. 우리는 다리를 건너 비스타 포인트 기슭에서 금문교를 바라보니 붉은 다리가 저녁노을에 더 붉게 물들고 있었다. 이국땅에서 보는 초승달은 적막하고 쓸쓸하다. 나이 든 사람들이 인생 사는 동안 채워지지 않은 무상함이라고나 할까?

나는 나이 들어 사진은 찍어 무얼 할까 싶어 거절하곤 했지만 늘그막에 글을 쓰다 보니 생각이 잘 나지 않을 때 사진 속의 자취를 보고 그곳을 기억하기 때문에 자진해서 사진을 찍게 된다.

다음날에는 러시안 힐에 가기 전에 어제 제대로 보지 못했던 금문교를 다시 찾았다. 이곳은 안개로 유명하다고 하더니 역시 아침 안개에 뒤덮여 보지 못했다. 사다리처럼 하늘을 찌르는 듯한 철탑을 뒤로하고 러시안 힐로 향했다. 서부개척 시대에 이곳에 거주한 러시아 모피 거래상들과 선원들의 묘지가 있었다고 한다. 그래서 이 언덕을 러시안 힐이라고 부른다는 것이다. 우리는 먼저 산비탈 길로 올라갔다. 19세기에 건축된 빅토리아 풍의 건축물과 현대식 건물이 어울린 그림 같은 집들이 오솔길 양쪽으로 지어있었는데 예술가들이 살고 있다고 한다. 우리는 70도로 경사진 s자형의 급커브를 곡예 하듯 조심스럽게 내려와 언덕 아래서 꼭대기를 올려다보니 길 좌우에 보라색, 핑크색, 흰색 수국이 화려하게 피어 관광객들의 카메라를 붙잡는다. 아름다운 명소로 알려진 러시안 힐은 그곳에서 사는 사람들의 커다란 자부심이라고 한다. 관광객들도 많고 제복 입은 학생들의 모습도 보인다. 어디를 가나 몸은 피곤하지만 새로운 문화를 접하다보면 신기하고 잘 왔다는 생각을 하게 된다. 공기가 맑고 날씨도 청명하여?젊은 사람들의 보조에 맞추어 무리 없이 여행할 수 있어 다행이란 생각을 했다. 저녁에는 학회가 끝난 아들과 오늘 있었던 이야기를 하며 이국땅에서 이틀 밤을 지냈다.

요세미티 국립공원

새벽 일찍 일어나 한국에서 가지고 간 전기 코일 위에 압력솥으로 밥을 지어 건성건성 아침밥을 먹고 서둘러 길을 나섰다. 샌프란시스코에서 요세미티까지 4사간을 달려 그곳에 도착했다. 이곳은 시에라네바다 산맥의 광대한 자연을 보호하기 위해 1890년에 국립공원으로 지정 되었고 1984년에 세계유산으로 등록된 미국을 대표하는 국립공원이라고 한다. 해발고도 4,000~6,000m에 이르고 고산지대와 거대한 세쿼이아로 이루어진 대삼림과 산악으로 이루어진 계곡이다. 계곡 아래를 내려다보니 대자연의 오묘함과 신비로움이 감돈다. 요세미티 동쪽에 있는 8,700만 년 전에 생겼다는 높이 2,695m의 화강암으로 된 바위산 하프돔은 빙하의 침식 작용으로 원의 중앙을 자른 모양의 그릇을 엎어 놓은 듯한 바위이다. 빙하가 녹기 시작하면서 호수와 폭포 와 계곡이 만들어져 아름답기 그지없다. 우리는 하프돔을 배경으로 가족사진을 찍었다. 바람이 불면 하늘하늘 나부끼는 것이 신부의 베일 같다고 하여 붙여진 아름다운 브라이달 베일 폭포가 계곡의 서쪽에서 물보라를 일으키며 하얀 선을 그리고 있었다.

계곡을 따라 다음 코스로 달리다 보니 검게 탄 나무들이 넘어져 있다. 인위적으로 산불을 일으켜 어린 세쿼이어 나무가 자라기에 좋은 생태환경을 만들기 위함이라고 하지만 그 광활한 산에 불이 난다면 tv에서 보았던 산불처럼 걷잡을 수없이 며칠씩 진화하지 못하고 아까운 삼림만 태우는 것이 아닌가 괜한 걱정을 하게 된다. 우리 인간의 생각으로 어찌 그 광대한 자연의 섭리를 헤아릴 수 있겠는가! 가는 곳마다 새로운 절경에 놀라움을 금할 수가 없었다.

요세미티로 가는 길

은빛 보석을 뿌린 듯
끝 간 데 없는 호수
쪽빛 물색이 곱고
골짜기 깊어가는 산비탈
첩첩한 고도에 귀울림 먹먹하다.

가파른 기암절벽 보듬고
다박하게 모로선 잡목들

구중궁궐 옮긴 듯한 황홀함
절묘한 창조주의 표현이어라

오색구름 풀어 채색한 하늘
장작불처럼 훨훨 타다가
가물가물 침몰하는 불덩이 하나
새날이 있어 아름다운 기다림
태양은 다시 솟는데

이국땅에서 맞는 설핏한 해어름
열린 눈물샘 그리움으로 차고
허허로운 이방인의 마음에
노을빛 한 자락 짙게 깔린다.

요세미티 공원을 빠져 나오니 거울처럼 맑은 호수가 흐르고 달리는 차창 밖으로 멀리 만년설이 하얗게 반짝인다.

헤밍웨이를 찾아서

오버시즈 하이웨이는 미국 동남부 최남단에 있는 플로리다 반도와 키위스트를 이어주는 연륙교이다. 이 다리의 길이는 202km나 된다. 잔잔한 파도가 일고 있는 쪽빛 바닷길로 달리다보면 구도로가 보이는데 군데군데 끊어져 있어 몇 년 전에 있었던 허리케인의 위력을 그대로 보여주고 있었다. 끊어진 다리위에서는 낚시꾼들이 낚싯대를 드리우고 앉아 있는 모습도 한가롭다.

우리는 연륙교를 지나 어니스트 헤밍웨이 집을 찾아가는 길이다. 그는 1899년에 태어나 1961년에 권총 자살로 생을 마감한 비운의 문학가이다. 그의 집에 도착했을 때 빨간 벽돌로 두른 담장과 우람한 정원수들이 담장 너머까지 그늘을 드리우고 있었다. 헤밍웨이는 네 번 결혼했는데 이 집은 두번째 부인인 폴린 파이퍼와의 결혼 예물로 그녀의 오빠가 선물했다고 한다. 입장료 13달러를 내고 고풍스런 그의 집에 들어서자 먼저 눈에 뜨이는 것이 〈무기여 잘 있거라〉라는 영화 주인공들이 찍힌 포스터였다. 방마다 벽 빼곡히 작가 자신의 유년시절로 부터 그의 일생에 걸쳐 찍은 사진들이 있었다. 선반위로 하얀 수납장도 보이고 책장에는 헤밍웨이의 손때 묻어 빛바랜 저서들이 꽂혀 있었다. 원서이기 때문에 내가 알 수는 없지만 그의 생애가 책 속에 숨어 있으리라는 생각을 하면서 다른 방으로 들어갔다. 벽에 걸린 바다낚시 하는 그림을 보니 사춘기 때 감명 깊게 읽었던 단편 소설 『노인과 바다』가 생각났다.

바닷가에서 사는 노인은 낚싯배 한 척을 가지고 고기잡이를 하면서 살고 있었다. 84일 동안 한 마리의 고기도 잡지 못했다. 85일째 되는 날에 바다에 나간 그는 대어를 낚는다. 노인은 하루 밤과 하루 낮을 물고기와 사투하다가 작살로 고기를 찍어 어선에 묶어 귀로에 올랐다. 그때 피비릿내를 맡은 상어 떼들의 습격을 받는다. 노인은 노 끝에 칼을 달아매어 상어 떼와 싸웠다. 항구에 돌아와 보니 잡아 온 물고기는 머리와 뼈만 남았다. 노인은 좌절하지 않고 자기 패배에 만족하며 다시 바다로 나간다는 이야기다. 인간은 무너질 수는 있어도 쉽게 패배하지는 않는다는 작가의 사상이 돋보이는 작품이다. 『무기여 잘 있거라』, 『누구를 위하여 종은 울리나』. 『킬리만자로의 눈』과 같은 그의 작품들도 젊은 시절에 감명 깊게 보았던 것이 새삼스럽게 다시 생각났다.

나는 기념 될 만한 인증샷을 핸드폰에 담으며 2층 침실로 들어갔다. 그곳에는 두개의 트윈베드를 합친 침대가 있었는데 특이한 것은 헤드보드가 스페인 수도원에서 문으로 사용했던 것을 가져와서 침대 머리를 꾸며 놓은 것이라 하는데 무척 인상적이었다. 정원으로 나아가니 그의 생전에 심었다는 정원수들이 울창하게 서있었다. 넓은 정원에서는 가끔 파티를 한다는데 오늘도 테이블 위에 하얀 천이 깔려 있다. 뒤란 소파 위에서는 검은 고양이가 많은 사람들의 왕래에도 아랑곳하지 않은 채 낮잠을 자고 있었다. 생전에 친구에게서 선물받은 6개의 발가락을 가진 고양이인데 지금은 60여 마리가 번식하여 살고 있다고 했다.

나는 꿈에도 생각 못한 헤밍웨이의 생가를 방문하고 그의 파란만장한 생애가 61세로 스스로 생을 마감하기엔 너무 애석하다는 생각이 든다. 전쟁중 종군 기자로 있으면서 다리에 총상을 입기도 하고 두 번의 경비행기 사고로 건강이 악화되어 우울증까지 겹쳤을지라도, 생을 포기하고 권총자살을 선택을 한 것은 안타까운 일이다. 그러나 후세 사람들은 그의 작품에 감명을 받고 그의 흔적을 찾아 이곳까지 찾아들고 있으니 그가 후세에 남긴 문학적인 업적은 괄목할 만하다.

우리는 이곳을 나와 낙조(落照)로 유명하다는 키웨스트 (해남 땅끝 같은) 최남단 바닷가에서 해넘이 시간을 기다렸다. 수많은 관광객들이 이 장면을 보기 위해 모여든다. 조금 후에 장엄한 일몰이 펼쳐지고 수평선을 물들이며 현란하게 피어오르는 낙조는 오색구름 속에서 숨바꼭질하듯 한참 묘기를 부리더니 공연이 끝나자 마지막 숨을 내어 쉬고 넘어가는 내 생에 가장 황홀한 낙조를 감상했다.

해가 넘어가자 어두움이 깔리고 우리는 마지막 코스로 10분쯤 차로 가서 키위스트 최남단이라고 쓰인 커다란 우체통 모양의 조형물 앞에서 사진을 찍고 낯선 이방 도로를 빠져 나와 숙소로 돌아오면서 하루 일정을 떠올리니 비운에 살다간 유명한 헤밍웨이의 삶보다 노년에 건강하게 가족과 함께 여행하고 있는 이 삶이 더 행복한 것 같다.

하늘에서 가장 가까운 수영장

세월호의 슬픔이 온 국민의 마음을 침통하게 했던 잔인한 4월이 지나갔다.

6개월 전부터 5월초의 휴일을 예약해 놓은 큰아들의 배려로 우리 가족은 싱가포르로 여행을 떠나게 되었다. 국가적 재앙으로 발걸음조차 조심스럽게 인천공항을 출발했다. 그곳에 도착할 때까지 세월호의 선체에 갇혀서 생사를 확인 할 수 없는 탑승객들의 영혼을 위해 기도하며 침울한 마음으로 유족들을 생각하니 그들의 한 맺힌 절규가 내 일인 양 눈물을 흐르게 한다.

싱가포르에 도착한 우리 가족은 숙소로 향했다.

딸 내외와 나는 70층 높이의 스위스 호텔 중 35층에 숙박하였는데 맞은편 건물 벽에 L.G라는 네온싸인 회사 로고가 반짝반짝 명멸하고 있었다. 아들 가족은 걸어서 15분쯤 떨어진 마리나베이쌘즈 호텔에 숙소를 정했다. 우리 가족은 따로 숙소를 잡았지만 왕래하는 데는 불편이 없었다.

이 호텔은 우리나라 굴지의 SS건설사가 시공했다는데 57층으로 꼭대기층에는 하늘 아래에서 가장 가까운 넓고 깨끗한 야외 수영장이 있었다.

도시의 중심에 자리 잡고 있는 이 호텔은 쇼핑센터와 지하철이 연결되어 있어 입지조건이 편리했다. 해외에서까지 국위를 떨치며 훌륭한 건축공법으로 명성을 떨쳤던 SS건설의 영화는 다시 찾을 날이 있을는지!

호텔 로비의 천장만 올려다봐도 은빛 거미줄을 쳐 놓은 듯 예술적인 설치미술을 선보이고 있어 아름답다. 여행하다 마지막 하룻밤을 이곳에서 보내고 가는 것이 여행객들의 낭만이라고 하니 자국의 기술력에 자긍심을 갖는다.

보안 시스템이 까다로와 입구에서부터 카드키 하나로 작동하게 되니 아들이 있는 숙소에 들어가려면 미리 연락하여 우리를 데려가야 하는 불편함이 있었다.

나는 수영장이 궁금하여 며느리 카드로 두 손자를 데리고 그곳에 들어갔다. 넓은 수영장에 피부색이 다른 수많은 사람들이 수영을 하거나 야외 벤치에 하얀 타올을 덮고 누워 있는 모습이 보인다. 나는 반바지와 얇은 티 하나를 걸치고 목까지 차는 물속으로 들어가 이리저리 걸으면서 어린 두 손자를 보살피느라 그들에게서 시선을 뗄 수가 없었다. 해질 무렵 수영장에서 보는 도시는 고층 빌딩으로 성곽을 이루고 있었다. 멀리 아스라이 바다위에 여객선이 떠다니고 하늘에는 뭉게구름이 피어나는 모습도 장관이었다. 마리나베이쌘즈 호텔에서 마지막 밤을 지내고 싶어하는 여행객들의 마음이 이해가 된다.

싱가포르는 1819년에 영국이 무역 거점으로 개발한 영국의 해협 식민지였는데 1965년에 주권국가로 독립되었다. 도시가 깨끗하고 아름답다.

호텔에서 내려다보면 탑처럼 기둥을 세워 만든 나팔꽃 모양의 조형물이 보인다. 야경에 반짝이는 네온사인 불빛에서 쉽게 눈을 돌릴 수 없었다. 사람의 마음을 사로잡은 이 조형물이 쓰레기 소각장이라고 하는 말에 나는 놀랐다. 우리나라에서는 소각장 때문에 주민들의 분쟁이 심각한데 이곳처럼 기발한 아이디어를 창출해 낸다면 지역 이기주의로 인한 분쟁은 사라질 것이다.

싱가포르에서 6박 7일의 여행을 마치고 아들은 지인들에게 차를 선물하겠다고 1814년에 시작했다는 twg 찻집에 들렀다. 명품 찻집이라 각국에서 찾아온 손님들로 붐벼 아들이 선물 사는 동안 나는 혼자서 쇼핑센터를 구경하겠다고 나섰다. 국내에서도 유명세를 타고 있는 명품 브랜드들이 즐비하게 들어서 있었다. 고급스럽게 진열된 샤넬매장, 위 아래층으로 가득 채운 루이비통 가방이며, 몇 천만 원을 호가하는 로렉스 시계 매장을 눈도장 찍으며 5분 정도 걸어갔나 싶은데 길을 잃어 버렸다. 사방을 돌아봐도 생소하기만 하다. 겁이 더럭 났다. 더 이상 지체하다 보면 가족들이 알게 될 것이고 노인네의 주책이 들통날 것 같아 불안하고 초조해졌다. 여기저기 두리번거리다 지나면서 보았던 안내원을 찾았다.

"나 길을 잃었다. twg가 어디 있느냐?"고 물었다. 차 마시는 곳이냐고 묻는다. 손사래를 치며 오리지날 twg 샵이라고 했더니 그곳까지 친절하게 데려다 주었다. 4분 정도의 거리인데 등에 땀이 날 정도로 헤매다니 나이 들면 절대감각이 떨어지나 보다.

"그러니까 혼자 다니지 말라니까요!" 딸아이의 걱정스런 목소리가 나에게 서운하게 들리는 것도 나이 탓이겠지.

내가 이제 아이들과 해외여행을 몇 번이나 갈 수 있을지 자신이 없어진다. 젊은 사람들 따라다니려니 힘이 들고 발가락에 물집이 풍선처럼 부풀어 올라 절뚝거리다가 잠자리에 드니 종아리에 쥐가 난다.

몸은 고달프고 힘들어도 가족이 함께 하는 여행은 노년의 삶에 활력소가 된다. 몸이 따라주지 않으면 포기해야 하겠지만 그럴 때마다 자녀들은 나에게 희망을 준다.

"더 늙기 전에 몸 단련하여 다녀오시게요" 하면서 핸드폰 달력을 들여다보며 연휴가 많은 날을 찾는다.

"엄마 이번 설 연휴엔 마이애미로. OK?" 그런 아들을 바라보니 듬직하고 자랑스럽다.

*마리나베이쌘즈 ;싱가포르에 있는 도시
*마이애미 ;미국 플로리다 주에 있는 도시

맹그르나무가 있는 국립공원

미국 마이애미로 여행을 떠나기로 한 우리 가족은 인천공항에 도착하여 항공기 편명을 확인했는데 그 비행기가 결항되어 다음날에야 도착한다는 것이었다. 마이애미로 가야 하는 승객들은 다 의아해하며 주위가 소란스러웠다. 이유인즉 미국에서 오는 비행기에 임산부가 탔는데 오는 도중 양수가 터져 다시 미국으로 회항했다는 것이었다. 우리나라를 떠들썩하게 했던 J씨의 땅콩 갑질 회항과는 인도적인 면에서 볼 때 차원이 다른 것 같다. 만삭된 임산부는 탑승을 못한다는데 어떻게 된 이유인지는 몰라도 아무튼 공항 측의 안내를 받으며 송도에 있는 고급 호텔에서 일박을 하게 되어 여행 계획엔 차질이 있었지만 그 덕분에 하루 경비가 절약되었다.

70 중반에 14시간 장거리 비행기를 타고 휴스톤에서 내려 다시 마이애미까지 3시간을 가야하는 강훈련에 다리가 쥐가 날 지경이었다. 옴싹달싹할 수없는 공관에 완전벨트에 묶여 장시간 여행한다는 것이 여간한 고역이 아니었다. 여행 할 때마다 느낀 일이지만 가족 함께가 아니면 내 생애에 이런 여행을 할 수 있을까 싶어 나서지만 나이에는 장사가 없는 것 같다.

우리 가족은 예약해 놓은 9인승 승용차를 렌트하여 레비의 안내를 받으며 숙소에 도착했다. 우선 가지고 온 라면과 햇반으로 김치를 곁들여 먹으니 기내에서 먹은 음식으로 인해 느끼했던 속이 가라앉았다. 다음날 아침 일찍 서들러 미국 플로리다주 남단에 있는 에버글레이즈국립공원을 방문했다.

미국의 하늘은 에메랄드빛으로 쾌청하고 호수와 녹지가 잘 어우러진 이 공원은 북아메리카 대륙에서 가장 넓은 환경오염 보존지역이라고 한다. 습지와 초원위에 나무가 자라 형성된 나무 섬이라고도 하는데 습지에는 꽃이 핀 갈대가 내 키의 두 배나 자라 바람에 나부끼고 있었다. 내가 처음 보는 맹그르나무는 많은 뿌리가 물 밖으로 노출되어 있는데 가지와 연결되어 이색적인 형태를 이루고 있었다. 바닷물이 들어오는 환경에서 번식하는 이 나무는 식물 중 유일하게 새끼를 낳는 나무라는 것이다. 나뭇가지의 가장자리에 생긴 새끼 나무가 바닷물에 떨어져 뿌리를 내려 번식하는 특이한 종류의 나무인데 물을 정화시키는 역할을 한다고 한다.

우리는 자유 투어이기에 쉬엄쉬엄 가다가 승용차가 많은 곳이면 내려서 사진을 찍었다. 녹색 연못에서 청동오리 떼의 헤엄치는 모습이며 피라미 떼의 물위에 파문을 그리며 비상하는 모습을 보는 것도 아름답다. 거기에는 무자크 폰드라는 팻말이 세워졌는데 팻말아래 이런 글귀가 쓰여 있었다. '괴롭히지 말라 밥 주면 500달러' 아마 자연은 자연 스스로 알아서 살아 갈 수 있으니 인위적으로 사람은 간섭하지 말라는 경고인 것 같다.

만물의 영장인 사람들은 자기들의 지혜와 힘을 남용하여 인간의 필요에 따라 자연을 훼손하고 파괴하여 몸살을 앓게 한다. 산업기술의 발달로 인류 역사에 지대한 편리를 가져오기도 하지만 산을 두 동강이를 내는 것을 보면 안타깝다.

광활한 땅덩어리를 가진 미국이란 나라답게 넓은 도로와 푸른 초원과 넓은 습지가 있어 동식물이 잘 자랄 수 있는 생태환경이 조성된 것 같다. 한번 파괴되면 다시 복구하는 데 많은 시간이 걸리기 때문에 자연유산을 지키는 것은 모든 사람들의 자연 사랑의 몫으로 남는다. 이곳은 국가에서 끊임없이 관리하고 보살피기 때문에 문화유산으로 잘 보존되어 있는 것 같다.

데크를 따라 걷노라니 순천만 갈대숲이 생각난다. 가을이면 철새가 날

아들고 은빛 갈대 물결치는 뻘밭에 짱뚱어 솟구쳐 튀어 오르는 순천만 생태공원도 이곳 못지않게 아름답다. 다만 크기에 있어서는 비할 바가 아니지만 전망대 용산에 올라서 만을 바라보는 풍광은 요밀조밀 칠면초 섬 지도를 완벽하게 그려 놓은 걸작이다. 거기에 물살 따라 유유히 떠다니는 유람선의 한가로움이며 흑두루미 나래 벌려 춤추는 광경도 어디에 견주어도 손색이 없는 비경이다.

우리는 이 공원을 빠져 나와 점심시간에 미리 예약해 놓은 킹크랩 식당을 찾아가 무한 리필로 설친 아침을 대신하여 마음껏 먹었다. 육신은 피곤하지만 대가를 지불한 만큼 내적으로 채워지는 만족이 크기 때문에 사람들은 여행을 떠나는가 보다.

제7부
귀천

감에 대한 수상(隨想)

가을로 접어들면서 여름 내내 더위와 가뭄에 시달렸던 감나무에 골 붉은 단감이며 포동포동 살이 오른 장두감이 주렁주렁 열려 있다.

들에는 가을걷이도 끝나고 가을이 주는 풍요만큼 내 마음도 세파에 찌든 주름살이 한결 펴진 느낌이다.

오늘도 아파트 앞 상가에는 온갖 과일이 진열되어 있다. 그중에서도 눈에 들어오는 것은 단감과 장두감이다. 아직 이파리가 덜 떨어진 채 꺾어 온 단감은 빛깔 좋은 싱싱함을 자랑하고 있다. 감을 보면 서울에 사는 친구들의 얼굴이 떠오른다. 남도의 풍요를 그들에게 전해 주고 싶은 충동에 수첩을 꺼내 주소를 적은 후 단감과 장두감을 한 상자씩 사서 보냈다. 보내는 내 마음도 받아 보는 그들 마음도 기쁨의 공감대를 이루는 것이 진정한 선물인 것 같다. 감을 택배하는 김에 내 등단작이 실린 《수필 문학》과 《문학예술》지를 감 상자에 동봉하여 보냈다.

내가 어렸을 적에는 감나무 있는 집이 드물었다. 우리 집에는 감나무가 한그루도 없어서 감나무 있는 집이 무척이나 부러웠다. 나는 이른 새벽에 일어나 옆집 고샅 감나무 밑에 수북이 떨어진 감꽃을 치마 가득이 주어 실에 꿰어 목걸이도 하고, 달콤한 감꽃 꼭지를 빨아 먹기도 하고, 땡감이 떨어지면 된장 물을 풀어 이삼 일 떫은 맛을 우려낸 다음 맛있는 간식거리로 먹었던 추억이 아련히 떠오른다.

그 시절에 잊을 수 없었던 일은 가지가 찢어지도록 열려 있는 이웃집 약방 할아버지의 감나무에 매달린 감이 우리 집 울타리를 넘어 온 것을 볼 때마다 어린 마음에 얼마나 부러웠는지 모른다. 서리가 내려 감을 딸 때까지 그림처럼 쳐다보면서 눈요기만 했던 어린 시절의 감에 대한 동경이 어른이 되어서도 가시지 않았다.

우리 집으로 넘어 온 감은 가을까지 주렁주렁 열려 있는데 오 형제가 사는 뒷집으로 넘어 간 감나무에는 나무 잎만 붉게 물들어 하늘 거렸다. 약방 할아버지는 우리들에게 착한 아이들이라면서 선물로 우리 집에 넘어 온 감뿐만 아니라 씨알 좋은 단감을 한 접쯤 보내 주셨다.

지금은 흔한 것이 감이라 조금 깊은 산에 오르면 임자 없는 똘감이 나무에 대롱대롱 달려 있어 등산객들에게 가을 산의 정취를 느끼게 한다.

나는 지금도 그때 가졌던 감에 대한 동경 때문에 붉게 골 익은 감을 보면 그냥 지나치지 못하고 한 봉지씩 사가지고 들어온다. 어렸을 때 갖지 못한 향수 때문에 이십여 년 전에는 아예 감나무 밭을 하나 샀었다. 과수원 작법에 대한 전문 지식이 없어도 감나무만 있으면 저절로 열매가 익어 소출을 할 수 있는 줄로 알았다. 그런데 가을이 되어 감 밭을 찾은 나는 아연실색(啞然失色.)하지 않을 수 없었다. 백여 그루가 되는 감나무에는 맵시 없는 감이 마른 가지에 힘없이 달려 있고 덕석 위에 빨간 고추를 말리는 듯한 꼭지 빠진 익은 감이 밭고랑뿐 아니라 온 감밭에 너부러져 있었다. 순간 돌봄도 수고도 없이 소득만을 관심한 무지한 농사꾼의 마음은 허탈감과 참담함으로 현기증이 날 지경이었다. 이천 평이 넘는 감 밭을 관리인도 없이 무모한 도전을 했으니 사필귀정이 아니었던가! 나중에 안 일이지만 적절한 시기에 가지치기와 병충해 예방을 위한 나무껍질 벗겨주기, 퇴비 해주기 등 마음 써야 하는 부분이 한두 가지가 아니었다. 이런 힘든 과정을 겪으면서 감밭에 대한 애착이 점점 사라지고 5년 농사를 망친 후에 결국 이겨내지 못하고 감밭을 팔아 버렸다.

감이 익어가는 계절이면 그때의 힘겹던 일이 떠오르지만 아직도 감에 대한 정겨움과 연민은 여전하다. 단단하면서도 연한 배처럼 사각거리는 잘 익은 단감의 감칠맛은 어느 과일과도 비교할 수 없는 나의 미각을 사로잡는 최상품의 과일이다. 떫지만 속이 꽉 찬 장두감 역시 어른 주먹보다 더 큰 크기로 힘에 겨운 듯 축 처진 가지에 메 달려 가을의 풍경을 자랑하고 있다. 장두감은 서리가 내린 후 따서 커다란 항아리에 감과 짚을 켜켜이 넣고 광에 저장해 두었다가 눈이 펑펑 쏟아지는 겨울에 말랑말랑하게 완숙한 것부터 꺼내 먹는 맛이란 장두감의 이름값을 하고도 남는다. 사골집 마당에 한 그루 쯤은 심었던 감나무, 어느 과일보다 풍요롭고 정겨운 감이 이제는 너무 흔해져서 귀함이 덜 한 것 같다.

다음 날 감을 잘 받았다는 친구들의 전화를 받았다. 빨갛게 익은 장두감을 바구니에 담아 방마다, 피아노 위에 진열하여 놓고 나를 생각하고 있다는 친구 y와 단감이 당도가 높고 사각거려 온 식구가 너무 맛있게 먹으면서 몇 년 전에 떠난 고향 생각을 하고 있다는 친구 k. 단감의 찬사에 더불어 졸작인 시와 수필에 대한 호평도 아끼지 않았으니 조그마한 선물로 얻은 큰 기쁨은 풍성한 가을걷이를 끝낸 농부의 심정이 되어 종일 나를 들뜨게 한다.

귀천

나 하늘로 돌아가리라
새벽별 와 닿으면 스러지는
이슬 더불어 손에 손을 잡고

나 하늘로 돌아가리라
노을 함께 단둘이서
기슭에서 놀다가 구름 손짓 하며는

나 하늘로 돌아가리라
아름다운 이 세상 소풍 끝내는 날
가서, 아름다웠노라고 말하리라.

나는 천상병 시인의 대표작이라 할 수 있는 귀천이라는 시를 가끔 음미해 본다. 그분은 이 세상 소풍 끝내고 구름처럼 귀천했다. 느지막이 결혼하여 자유인으로 살다 가신 천시인의 삶의 흔적이 작품 곳곳에 숨어 있음을 볼 수 있었다. 예술가의 삶이 대부분 그렇지만 세상물정을 모르는 이런 분과 함께 사셨던 부인 목여사님은 어떤 분이실까 궁금하여 나는 목여사님을 뵙고 싶었다. 나 또한 천시인처럼 세상 욕심 없이 자유인으로 살다간 남편을 두었기에 동병상련의 아픔을 가진 사람끼리 서로 터놓고 위로받고 싶었기 때문인지도 모르겠다.

작년에 운현궁에 들릴 일이 있어 그곳에서 가까운 인사동에 있는 귀천이란 찻집을 찾았지만 그만두었다는 소식에 내심 실망했었다. 그래도 미련이 남아 있어 금년 5월 14일에 경운동 수운회관에서 가졌던 수필문학상 신인 시상식이 끝난 후 행여나 하고 인사동을 찾아 어느 약국에서 귀천이란 찻집을 물었더니. 지금도 운영하고 있다는 것이었다. 내가 찾아간 인사동 작은 골목에 있는 귀천은 시골집처럼 조용하고 분위기가 아늑했다. 문을 열고 들어서자 벽에는 그림 몇 점이 걸려 있고 천시인 부부가 함께 찍은 사진도 걸려 있었다. 그리고 벽면 구석에 천시인이 소장했던 듯한 묵은 서책이 책꽂이에 가런히 진열되어 있었다. 마침 손님이 한 사람도 없어 딸아이와 함께 모과차와 커피를 마시면서 그곳에서 일하시는 분과 대화를 나누었다. 목여사님을 뵙고 싶어 전라도 광주에서 왔노라고 했더니 목 여사님은 허리 디스크 수술을 하여 몸이 불편해 가끔씩 나오신다는 것이다. 나는 작년에 이어 금년에도 여사님을 뵙지 못해 아쉬움이 남았지만 다음에 상경할 때는 미리 약속을 하고 찾아뵈리라 마음먹었다.

천시인과 남편은 인연이 깊었던 것 같다. 1988년 천시인 출판 기념회에 참석하기 위해 남편은 서울로 올라왔다. 천시인과 중광 스님 그리고 지인들과 함께 출판기념 뒤풀이로 밤새도록 술을 마시며 술에 취해 시를 읊고 즉흥적으로 소능조(小陵調)에 푸른 다뉴브강의 곡을 붙여 구성지게 노래를 부를 땐 무대가 절정에 이르렀다고 했다. 남편은 천시인이 선물했다는 『도적놈 셋이서』란 책에 천시인의 사인을 자랑스러워하며 돌아와서도 여흥이 꺼지지 않았는지 귀천을 흥얼흥얼 읊조렸다. 그때의 시인이나 시인을 좋아했던 사람, 이 세상 소풍 끝내고 여비가 없어도 훌훌 털고 귀천하여 이 세상 아름다웠더라고 담소를 나누고 있을까?

찻집 메뉴판 한지에 남아 있는 귀천이라는 시 한 수 세월만큼 너덜너덜 헤어져 구름처럼 살다 간 주인의 체취만 남아 있다.

그는 아무도 의식하지 않고 누구나 쉽게 읽고 공감하며 감상할 수 있는 가식 없는 대중시를 썼다. 가진 것 없어도 언제나 마음이 부요하며 당당할 수 있었던 것도 문학이 그분의 인격이며 삶의 맥박이었기 때문이었으리라. 어린아이처럼 천진무구한 생을 살다 간 천시인의 귀천이 못내 아쉽기만 하다.

나는 목 여사님을 뵙지 못했지만 빨리 쾌유하기를 빌었다. 그리고 귀천을 기억하고 있는 사람들이 천시인과 함께 찻집 귀천도 잊혀지지 않도록 이곳을 찾는 사람이 많았으면 좋겠다는 생각을 한다. 『저승 가는 데도 여비가 든다면』이란 시집 한 권을 사 들고 한 시대를 풍류했던 천상병 시인을 감상하며 자리에서 일어섰다.

*小陵調 ; 소능이란 중국의 유명한 시인 두보의 호이다. 조(調)는 가락이란 뜻에서 비롯하여 두보에게서 운(韻)을 빌렸다는 뜻이다.

시한폭탄

초여름의 신록이 증심사 골짜기에 초록물을 드리는 저물녘 나는 W화백의 미술관 재관에 초대를 받고 그곳을 찾았다.

깔끔하게 완성된 미술관과 넓은 야외 전시실에 많은 사람들이 모여 W화백의 인생 역사를 이야기하고 있었다. 나는 전시관 안으로 들어가 우아한 화실에 화백의 대작들이 웅장하게 걸려있는 것을 감상했다. 한눈 팔지 않고 한길만 보고 걸어온 예술가의 집념은 가히 놀랄 만하다. 1980년대 가난한 무명화가에서 미술계의 거장으로 우뚝 서기까지 험한 가시밭길을 헤치고 걸어왔을 그분의 생애가 빛 선으로 그어진 난해한 화폭 속에 고스란히 투영된다.

이런 자리에 W화백을 가장 사랑하는 남편이 있었더라면 누구보다도 기뻐하고 자랑스러워했을 거라는 생각이 스치자 괜히 가슴이 뜨거워진다.

한때 도움을 주고 도움을 받았던 모지리 모임, 남편 모임 중에 유일하게 형제처럼 친밀하게 지냈던 모임이었었는데 도예가 j씨 서양화가 m씨 의학박사 l씨 세 사람의 윗분들이 작고하신 후 구심점을 잃고 해체된 듯하지만 애경사(哀慶事)에는 k총무님이 문자로 소식을 알려와 대개 참석하게 된다. 이때라도 모지리란 이름으로 만나게 되니 옛정이 그리워 반갑다. 사람들은 그 많은 이름 중에 왜 모지리란 이름이냐고 핀잔이지만 '좀 부족하다'는 말이 아닌 모지리(募智理)이란 우리가 해석할 수 없는 깊은 뜻이 있는 모임이다.

젊었을 때는 가족끼리 가마미 해수욕장이나 완도 보길도에서 2박 3일쯤 여름휴가도 보내고 윤선도 유적지나 세연정을 방문했던 추억도 아련하다. 흰모래로 유명한 명사십리 해수욕장과 소나무 숲으로 둘러싸인 예송리 해수욕장의 솔향이 가슴으로 스미는 듯하다. 보길도에서는 민박을 하면서, 생선찌개와 함께 마을 울타리에서 호박잎을 따서 모지리 식구들에게 전날 해장 술국도 끓여 주었었다.

오늘은 모지리 가족이라야 남자 회원 5명과 여자 회원 두 명이 고작이다. 옛날이라면 모지리 식구 20여명이 모여 기세를 잡고 축제의 장을 만들었을 텐데 대부분 초대 손님이 낯설고 젊은 분들로 자리를 채우고 있었다.

연회가 끝나기도 전에 정형외과 k원장님은 우리를 식당으로 데리고 가 근처에 있는 생선구이정식을 접대했다. 유머 감각이 뛰어난 그는 옛날의 즐거웠던 일들을 끌어내면서 오랜만에 만난 어색한 분위기를 웃음으로 만드는 재주가 있다. 소맥이(소주와맥주) 들어가 거나하게 취하자 동석한 모지리 회원들을 상대로 개그를 시작했다. 조용히 앉아 있는 h사장님을 향해 느닷없이

“너 인상 좀 쓰지 말고 얼굴 좀 펴고 다녀라. 이마에 골이 패여 쓰것냐?” h사장은 눈이 나빠 상대방을 알 수 없어 인상을 쓰게 된다고 극구 변명을 하지만 마음을 비우지 않은 욕심 때문이라고 몰아붙인다. 그때 h사장 부인이 말했다.

“시숙님 보톡스 좀 놓아주세요. 집에서도 인상 쓰고 있으면 화내고 있는 것 같아 무서워요.”

h사장은 쓸데없는 소리를 한다면서 부인을 쏘아보며 또 인상을 쓴다. 그래서 두레 밥상에 앉아 있는 회원들을 웃겼다. k원장님의 화살은 나에게 돌아왔다.

“우리 형수님 마음을 비우니 얼마나 얼굴이 편안하고 인자하냐!”

“아니요. 나 형님 계실 때 인상파라고 소문났어요.”

“그때는 그럴 수밖에 없었제. 시한폭탄을 가슴에 품고 살았응께.” 소맥을 원샷하며 말을 잇는다.

“언제 터질지도 모르는 시한폭탄에 대비하기 위해 유비무환(有備無患)을 해야 하니 인상 쓸 수밖에 없었제.” 한다.

“우리 직원들도 병원에 갔다오면 사모님이 무섭다고 했어요.” k사장님 부인이 거드는 것을 보며 돌아보니, 내가 생각해도 그때의 우리집 환경은 너무 열악하여 얼굴에 미소를 짓는다는 것이 오히려 가식이었을 것이다.

시한폭탄이 사라진 25년 후 지금 k원장님의 말씀처럼 마음을 비운 것은 아니지만 나이가 들다보니 골골이 패인 주름 사이로 세월의 강물이 흐른 자국에 강한 성질이 녹아들어가 남 보기에 조금 유순하게 보였는지도 모르겠다. 쓴웃음을 지으며 슬그머니 술좌석을 빠져나와 집으로 돌아올 때 운림골 잔잔한 물소리에 무등신록의 그림자가 흔들린다.

이름과 아호(雅號)

사람에게는 태어날 때부터 이름이 주어진다. 사람뿐 아니라 우주 가운데 있는 만사만물이 이름 없는 것이 없다. 이것은 창세로부터 있어 왔던 진리이다.

젊은 사람들은 태중에서부터 애명을 부르다가 태어나서 호적에 올릴 이름을 지을 때는 심사숙고하여 작명가를 찾는다. 이름이 인생을 좌우한다고 믿기 때문이다. 요즘은 좀 달라진 것 같다. 누구에게나 부르기 쉽고 예쁘고 시대의 조류에 따라 작명하는 경우가 그렇다. 요즘 신생아 이름 선호도 1위가 남자는 준 자 돌림인 서준, 민준, 하준이고 여자 1위는 서연, 서윤, 하윤이란 이름이 인기 있다고 하니 이름도 유행을 타는 것 같다. 그러나 자기 이름에 만족하며 사는 사람들이 몇 프로나 될까 궁금하다.

나부터 이름에 대한 불만이 어렸을 때부터 있었다. 일제 강점기의 소산물인 '아들 자' 자는 너무 흔한 이름 끝에 오는 글자이다. 한 마디로 '영자의 전성시대' 이다.

대학 다닐 때 내 이름이 너무 촌스러워 내 스스로 '석영' 이라는 이름을 지어 노트 표지에 적어 두었더니 내 이름을 모르는 새로운 친구들은 "석영아" 이렇게 불러서 대답하지도 못하고 그냥 웃기만 했었다.

고희가 넘은 친구들 중에도 개명한 사람이 더러 있다. 예쁜 이름이긴 하지만 익숙하지 않아 옛날 이름으로 부르는 것이 편하고 정겹다.

어느 날 친한 동생 집에 갔더니 호를 하나 지으라고 한다. 언니보다 더 못한 사람들도 호 하나쯤은 가지고 있는데 언니같이 글 쓰는 사람이 호가 없어서야 되겠느냐고 한다. 그러더니 그 동생은 자기가 공부하고 있는 대학 교수님이 계시는데 한문학자라고 하며 그분께 부탁하여 호를 지어 왔다.

나는 생각지도 않았는데 난생 처음 아정이란 아호를 받았다. 별로 익숙하지도 않고 조선시대의 기생의 이름 같은 느낌이 들어 쓰지 않고 있었는데 한번은 서예가이며 한시학지인 h선생님이 호가 있느냐고 묻는다. 아름다울 아자와 편안할 정 아정이란 호가 있지만 한번도 쓰지 않았다고 했다. 어느 날 h선생님은 나의 아호에 운율을 따라 한시를 작시해 주셨다.

儀容端雅如氷玉 (의용단아여빙옥)
용모는 단아하여 빙옥보다 맑은데
靖節亭亭與竹宜 (정절정정여죽의)
절개는 꼿꼿하여 송죽과 같다네.
江上淸風山上月 (강상청풍산상월)
강위에 청풍과 산위에 명월을
都爲我有輒題詩 (도위아유첩제시)
모두 다 소유하여 시로 쓴다네.

아정이란 한자 두자를 사용하여 이런 아름답고 청정한 한시를 받고 보니 나와는 동떨어진 과분한 찬사인 것 같아 부끄럽다. 나를 이렇게 평가해 준 것은 이런 마음을 가지고 살아가라는 메시지로 알고 겸손한 마음으로 받아드리며 첫 번째 받은 나의 아호에 마음이 끌린다.

조선시대의 양반들도 이름보다는 호를 부르며 서화나 서예 작품에 낙관을 찍을 때 호를 새겨 찍기도 하고 이름보다는 호를 즐겨 불렀다.

추사 김정희는 호가 200여 개나 된다고 하니 놀랄 만하다. 조선조에 살았던 기생인 시조시인 매창은 본명이 이향금인데도 본명을 아는 사람은 별로 없다. 황진이 역시 명월이란 호를 가진 기생으로 문장력이 특출한 시조 시인으로 유명하다.

근대에 와서도 우리가 잘 알고 있는 시인들 중에 영랑 김윤식, 소월 김정식, 청마 유치환, 석정 신석정, 다형 김현승 등 본명보다는 호를 더 익숙하게 부른 작가들이 많다.

나는 부모님이 지어준 이름이 촌스럽긴 하지만 내 생을 마칠 때까지 개명할 일은 없을 것이다. 그리고 아정이란 나의 호도 지금은 좀 어색하지만 글쓰기에 능숙해지면 자연스럽게 이름 앞에 호를 쓸 것이고 이렇게 청아하고 깊이가 있는 나의 아호를 다른 사람들도 익숙하게 불러줄 날이 오겠지!

헌 신발

사람의 가장 밑바닥에서 진자리 마른자리 가리지 않고 주인의 의지대로 주인과 함께 그림자처럼 동행하는 신발, 주인의 비밀까지도 고스란히 간직한 채 주인이 쓸데없다 버릴 때까지 충복으로 봉사한다.

내가 어릴 적에 농촌에서는 농한기에 마른 짚을 가즈런히 다듬어 일 년 양식을 저장하듯이 가족들의 발 치수에 맞도록 짚신을 삼아 여남은 켤레씩 준비해 놓고 신발이 해지면 미련 없이 버린다. 오죽하면 헌신짝 버리듯 한다고 했을까? 비가 오는 날이면 동나무로 깎아 만든 나막신으로? 진땅을 신고 다녔던 시절이 있었다. 물에 퉁퉁 불어 무거웠지만 물이 새지 않아 즐겨 신고 다녔었다.

검정 고무신, 흰 고무신, 운동화, 구두, 샌들, 굽 높은 신발 등 시대의 변천 따라 신발 문화도 다양하게 변했다.

번화가의 윈도우에 진열 된 신발을 보면 모양과 값이 천차만별하고 색깔과 재료도 다양하다. 가볍고 따뜻하고 예쁜 신발도 있고, 허리에 무리가 가지 않는다는 건강신발은 값이 비싸도 소비자들의 마음을 사로잡는다.

어떤 사람은 쉽게 신발에 싫증을 느껴 철마다 수십 켤레의 신발을 사서 바꿔가면서 신기도 하고 어떤 사람은 신발 모으는 것이 취미라서 수백 켤레씩 수집하기도 한다. 필리핀 전 대통령 부인 이멜다 여사의 집에서는 3,000 켤레가 넘는 신발이 나왔다고 방송에서 들은 적이 있었다.

나는 발이 편하고 맘에 든 신발이면 겉가죽이 해어져 더 이상 수선을 할 수 없을 때까지 신고 다닌다. 굽이 달아지면 굽을 갈고 밑창이 갈라지면 수선한다.

2~3년 동안 사철을 가리지 않고 여행길, 등산길, 심지어 해외여행까지 분신처럼 동행해 주던 신발이 어느 비오는 날 물이 새어 들어와 양말이 축축이 젖어 있었다. 신발 등부분이 해진 것이었다. 아쉽지만 이별을 고해야 할 때가 되었구나 싶어 헌신짝처럼 버리기 전에 단골 구두 수선집을 찾았다.

수선 아저씨는 떨어진 신발을 앞뒤로 살펴보더니 구멍 난 안쪽 부분에 가죽 조각을 잘라 받히고 바느질을 하기 시작했다. 멀쩡한 다른 쪽 신발도 똑같은 모양으로 바느질을 했다. 해진 자국이 아름다운 꽃무늬 수로 덮여졌다. 그리고는 구두약을 묻힌 솔로 쓱싹쓱싹 문지르니 새 구두처럼 반짝반짝 윤이 난다. 감쪽같이 변신한 꽃무늬 신발과 당분간은 이별하지 않고 동행할 수 있어 흐뭇한 미소를 띄우며 수선 아저씨에게 고맙다는 인사를 하고 나오는데, 수선하러 온 한 아저씨가 옆에서 지켜보고 있다가 퉁명스런 언어로 내 뒤통수를 때린다.

“어휴, 저런 사람만 있다면 신발장사 다 굶어 죽겠네.”

“아니지라우. 저런 양반이 계시기에 우리 수선공들이 밥 먹고 살지라우.”

두 사람의 엇갈린 대화를 뒤로 한 채 처음 만난 사람에게 구두쇠 같은 인상을 주었지만 집으로 돌아오는 나의 발걸음은 가벼웠다.

■발문

황혼녘 인생 뒤돌아보기

문 병 란
(시인 · 전 조선대학교 교수)

1.

박영자 시인이 금번 살아온 날을 뒤돌아보는 수필집을 엮는다. 수필(隨筆), 붓 가는 대로 쓰는 글이란 문학 장르는 『서포만필』(서포 김만중의 평론집)을 연상시켜도 좋고 고려조 문인 이규보의 『백운소설』을 떠올려도 좋다. 서양의 수필가 몽테뉴의 『수상록』에서 그 근원을 찾듯 흔히 에세이(Essay)의 번역이기도 하다. 이론가들의 말을 빌리면 무겁고 도덕적이고 교훈적인 요소가 강한 중수필 에세이(Essay)적인 면과 가볍고 신변잡기적, 자기 고백적인 면이 강한 미셀러니(miscellany)적인 양면을 지니는데 우리나라에선 이 두 가지 요소가 반반으로, 분위기나 정서적인 면에선 시에 가깝고, 문체나 주제적인 면에선 소설에 가까운 독특한 산문으로 사실상 시 · 소설 · 희곡(시나리오) 아닌 모든 글, 잡문적 영역이 매우 넓은, 까다롭지 않은, 붓 가는 대로, 생각나는 대로, 일정한 틀이 없이 쓰는 사람의 개성에 따라 인생의 희비애락을 물 흐르듯 상선약수(上善若水)의 인생의 담론을 전개한 중년의 글, 저 달관과 초극의 인생고백의 글이기도 하다.

일찍이 국문학도로서 젊은 시절 의사 남편을 얻어 선망의 대상이기도 했던 그의 삶은 평탄함과 치부의 가능성이 놓인 인생의 양지 쪽에 속해 있었지만 꿈 많은 신부의 결혼생활은 국문학을 써먹을 겨를이 없이 남편의 보조원 간호사의 길을 걷듯, 그의 휴머니스트 로맨티스트 부군의 톨스토이즘 덕분에 5남매의 양육을 도맡은 소냐의 고뇌를 겪으며 가난한 피부과 의사의 후견인으로서 만만치 않은 가파른 삶의 파고를 겪어야 했다. 축재보다 나누고 돕기를 좋아하는 소문난 인도주의자, 금남로 작은 전셋집 피부과 병원의 원장 그의 이념과 현실 사이에 끼어서 부창부수 남편의 양면을 천칭저울에 밸런스 맞추듯 수입의 배분은 신부의 꿈이나 낭만은 미처 펴보기도 전 그만의 작은 전쟁을 겪으며 병원 문턱을 닳아지게 드나드는 외래객 수발의 박애주의자의 힘겨운 삶을 영위해야 했다. 그리고 갑작스런 부군의 죽음. 유소보장의 만인이 울어옐 그런 휴머니스트의 영결식이 끝난 뒤엔 병원 문을 닫으면서 5남매의 양육과 부군 정신 계승, 가업의 새로운 개척사가 그의 치마폭 앞에 고스란히 놓여 있었다.

그분의 비보를 듣고 달려온 지인들, 형님 동생으로 지냈던 의형제 광주의 민족시인 서은(문병란) 선생의 영결사, 지방지를 뒤덮은 찬란한 찬사와 추모특집 그것도 잠시, 아이들의 성장기 교육과 박사님 없는 병원의 후광만으로써, 생계와 아이들의 교육비 조달은 캄캄한 절망의 긴 터널 앞에 서 있었다. 그러나 어쩌랴. 그분이 남긴 명성과 가업을 위하여 아이들을 의대에 보내고 열쇠없는 빈 손바닥에서 꽃을 피우는 마술사처럼 박영자 여사는 남편의 명성과 아이들 모두를 지켜내었다. 어찌 장하다 아니하랴. 세월은 굽이쳐 흘러 박영자의 전성시대! 그분 앞에는 두 아들 큰 사위가 의사이며, 둘째딸은 벨기에 유학에서 돌아온 바이올리니스트 교수, 큰 아들 막내가 개업하고 결혼하였고, 손주들이 그 할아버지 무등산 정기 받아 무럭무럭 잘 크고 있다. 이제야 숨 돌릴 여유, 떠나온 모교의 사회교육원에 가서 시도 배우고 수필도 배우고 생전에 가난한 화가들을 위하여 구입했던 수많은 명화(?)들을 전시하여 남편의 벗님들을 한곳에 모아 축하연을 열기도 했다. 뿐만 아니라, 로맨티스트 남편의 문학 취미에 답하는 추모의 정을 담은 첫 시집 『아름다운 인연』을 간행, 이어 수필집을 엮으면서 톨스토이의 아내 소냐는 악처의 이름을 남겼지만 박영자 여사는 효부 · 열녀 그 이상의 부군의 뒤를 이어 학동 할머니의 성자, 그 아들딸과 손주손녀들 앞에 치마폭이 넓은 그 옛날 대갓집 마나님의 후광이 따사롭다.

오늘 틈틈이 써 모은 산문 원고철을 가지고 와 선배, 모교의 교수, 작고한 박사님의 의형제로서의 인연을 따라 그의 작품을 일독해 본다.

제1부 「향수에 젖어」 출가외인의 운명을 안고 부모와 교향의 곁을 떠나 남편과 그 아이들을 위한 헌신의 고단한 삶 때문에 지금껏 거의 잊고 지냈던 영암군 시종면 최진사 막내딸로 태어났던 어머니의 칠십 생애의 자취가 남은 고향에 가서 그분의 거룩한 생애를 회고한다. 자신이 그 나이에 이르러서야 어머니를 안다? 너무 늦은 깨달음이지만 세월이란 스승의 은혜가 깨우쳐준 만시지탄의 효심일까. 글 아는 대갓집 마나님, 편지 대필이며 언문소설 얘기로 마을의 리더 여장부의 길을 걸었던 선대부인의 이모저모를 회상한다. 박식하고 후한 인심까지 겸했던 선대부인. 그분의 거룩한 모성의 덕과 문학적 천분을 이어받은 그 내력을 짐작하고 남는다. 장롱 깊이 준비해 놓은 수의 속에서 봉투가 떨어져 펴보니 거기엔 빳빳한 새 지폐를 넣어 자신의 장례식 때 염하시는 분에게 전해달라는 쪽지가 있었다는 사연. 깨끗하고 거룩한 삶. 가실 때까지 남을 배려한 그 마음씨. 그 유훈이 바로 박영자 시인의 고희를 곱게 장식하는 것이 아닐까. 수필은 수필가가 되려고 해서 쓴 전문가의 글이 아니다. 자기도 모르게 저절로 쓴 글. 전문가의 글이 아니기에 단정하거나 독단적으로 주장하지도 않는다. 어머니의 그날의 마음을 어머니로서 저절로 터득하는 청자연적의 글. 그 청자에 연꽃를 새기되 어느 것 하나를 비뚤어지게 '파격'을 주어 웃을 수 있는 유머

와 사색을 일깨우는 글. 유명해지고 싶어 쓰는 글이 아니라 그냥 쓰고 싶어 쓰는 글이다.

「고향의 향기」 누구에게나 고향이 있다. 고향을 떠나면서 인생이 시작되지만 어머니 아버지 품에서 자라나 성장하던 고향. 캔터키 옛집이나 머나먼 스와니강 같은 아득한 곳에서 그리움을 느끼게 하는 향수의 대상 고향, 어머니 품속 같은 꿈이나 상상 속의 그 고향이 70세쯤 되어 찾아가 보면 어떻게 되어 있을까. 시종초등학교. 어릴 적 모교는 마치 오두막 같은 낡은 교사. 십 리 길 통학했던 시골길은 아스팔트 도로로 변하여 자가용으로 수분이 걸리지 않는다. 발전한 것일까? 파괴된 것일까? 어느 곳 하나 자신의 꿈이 서려 있는 곳 찾을 길 없고 모두가 상전벽해의 변화, 변화…. 잃어버린 고향의 문턱에 서서 이은상 시인의 시조에 붙은 가곡의 일절 「옛 동산에 올라」를 흥얼거리며 리아스식 해안 멀리 바다 위에 갈매기 나래짓 바라보며 '산천 의구란 말 옛 시인의 허사로고' 그 시구를 음미하는 그 마음이 새삼 우리들에게 잃어버린 고향을 일깨워 준다.

「귀뚜라미 우는 밤」 농경사회가 끝나고 도시중심의 공업사회가 된 지금. 사라진 것이 너무 많다. 시골의 호롱불 · 가물거리는 어유등잔불. 거기엔 문풍지 소리와 귀뚜라미 소리 · 풀벌레 소리 · 대바람 소리 · 그 시골의 소리들이 모두 사라졌다. 그리고 저녁 어스름이 지나면 숲의 언덕길에서 줄지어 달리던 도깨비 불, 가지고 가는 쇠고기를 뺏고 해코지도 하지만 때로는 금은보화를 갖다 주기도 한다는 그 도깨비들도 전깃불이 무서운 탓인지 가버리고 없다. 아련한 추억 속에서 귀뚜라미 소리와 함께 고즈넉한 고향의 추억은 만학도의 향수 시편이나 수필의 글제가 되어준다. 물질만능으로 눈부신 지식정보의 사회 포스트모더니즘의 이 시대, 달라진 것이 어찌 주택뿐이랴. 인정도 그리움도 모두 사라진 그런 각박한 세상 슈베르트의 세레나데를 좋아하던 그 여고생은 이제 아파트에 사는 고독한 할머니가 아닌가. 오늘밤도 그 명랑한 달빛 아래 누굴 부르는 소리가 있을까. 우리 서로 잠시라도 잊지 못하여… 잊지 못하여… 자신도 모르게 가슴에 주르르 흘러내리는 것이 있다.

「바람부는 대로 발길 닿는 대로」 초등학교 동창들 수소문하여 부산에 사는 M, 서울에 사는 Y, 인천에 사는 J, 광주에 사는 필자 각자 출발하여 12시에 부산역에서 만나자. 무슨 로맨틱 영화의 스토리 같은 특이한 동창모임이다. 관광 제1코스는 부산 지역, 벚꽃이 만발한 언덕길에 위치한 바다가 보이는 횟집에서 그들의 50년 만의 만남은 우선 풍성한 횟감으로 배를 채우는 일. 그 동안 쌓이고 쌓인 수다까지 합하면 그 기쁨은 이 세상에서 가장 행복한 동창계 관광 여행, 그리고는 자유 시간. 어릴 적 고향땅에 두고 온 우정을 되살려내는 우정여행이었다. 다음날 전라도 목포. 부산에 비하여 초라한 도시지만 고향의 품속인 양 편안하다. 북항에 가서 생낙자 씹는 맛은 전라도에 뿌리를 둔 그 향수의 본질을 실감한다. '홍어족 시비' 를 들어도 내 고향 전라도 구수한 사투리나 〈목포의 눈물〉 가요의 가락 홍도를 빼놓는다면 여행은 '유쾌한 낭비여야 한다' 는 낭만의 포기일 것이다. 황혼녘에 만난 고향의 초등학교 동창들과의 4박 5일의 부산-목포-홍도-흑산도의 릴레이식 아기자기한 시간여행 · 추억여행은 기계문명과 돈에 대한 고마움을 다시 한 번 만끽하는 축복이었다. '홍탁삼합' 의 별미와 함께 우정이여 영원하거라.

「무등산의 가을」 무등산을 100번 1,000번도 간다지만 딱 한번 가는 귀한 인연도 특이한 글감이다. 1187번 버스 무등산 높이와 맞추어 놓은 버스의 번호. 광주인이 된 지 54년 만에 처음 가는 고희기념 등반이다. 100번 오른 사람에겐 미안하지만 단 한번 그 사랑의 극진함은 반드시 100번에 비할 바가 아닐 것이다. 7시간 대장정 바라만 보던 산을 밟고 내려와 훗훗한 발바닥을 만지며 대견해하는 그 모습은 무등산 신령님도 그분들을 귀한 손님으로 기억할 것이다. 중요한 것은 한번 맛들이면 두 번 · 세 번 · 결국 무등산을 1,000번 올랐다는 어느 시인을 흉내 내지 않고는 견디지 못할 것이다. 가족동반 등반. 이제는 일 년에 네 번 정기적 등반을 정하고 보면 등반도 일종의 중독, 건강 제일의 중동이라면 다시 횟수는 배로 늘려야 하지 않을까.

2.

「풍선장수」 1980년대 광주 금남로 그 한복판에 자리잡은 임춘평피부과. 평소에 의협심도 강하고 기백이 남다르던 임박사. 진료가 끝나면 소줏값 타가지고 선술집에 들러 풍류 삼아 데모가라도 한 자리 불러야 견디던 시절이다. 장사도 장소값이 크다. 당시 금남로가 어떤 곳인가. 텃세가 올랐고 세칭 민주주의 1번지. 거기서 의술을 베풀었으니 최루개스만큼이나 마셨고 널부러진 전사자, 그 모습 어찌 잊을 것인가. L박사 소주 한 병 마시면 호연지기가 또 솟아나던 것이다. 헌데 밤늦은 거리 금남로 가로수 밑에서 아직도 풍선을 팔고 있는 풍선 장수. 그의 눈빛은 반짝 빛났다. 대체 이 밤에 누가 저 풍선을 산다고 지금까지… 그는 그에게 다가가 안 팔린 풍선 모두를 사서 가는 사람들에게 나눠 주고 자기도 피리 불며 풍선 날리며 필~닐니리.. 웃어도 눈물이 날 것만 같은 그 마음들… 어느 날 지방 신문을 가득 덮은 L박사 심장마비 급서 소식. 풍선 장수는 어느 지방의 소도시에서 그 풍선을 팔고 있다가 병원으로 몰려와 눈물지으며 조의금 봉투에 만원짜리 한 장 넣어두고… 금남로의 가난한 풍선장수까지 울던 그분의 휴머니티. 금남로는 이래저래 눈물 많은 곳이었구나.(풍선 몇 개를 팔아야 이익금 만 원을 쥐었을까)

「황금열쇠」 운림골 뒷산 영천산장에 사시는 외로운 할아버지. 짝꿍 할멈과 사별하고 자연과 벗하고 정원을 가꾸며 고독하게 사시는 독거노인. 이분의 어려운 삶이 L박사의 눈에 번쩍 신호가 왔을 것이다. 무작정 받기만을 거절하고 가족 살림을 돌보지 않는 그의 인정을 꾸중하기도 하셨다. 매번 드리는 '용돈' 을 쓰지 않고 모아서 '황금열쇠' 를 만들어 가지고 임종

수일 전에 임박사를 찾아와 그 기념품을 주고 갔단다. L박사도 그 할아버지 따라 저 세상으로 간 지금. 지금도 가장 귀중한 가보로 박영자 시인은 그 '황금열쇠'를 장롱 깊이 간직하고 있다고 술회한다. 임박사도 수필감이지만 그 할아버지도 멋쟁이 수필감-. 이 귀한 추억을 간직하고 사시는 박영자 여사는 가위 누구보다 마음의 풍요와 행복한 추억을 재산으로 간직하고 있다고 생각된다. 수필 속에 '재미'와 '교훈'이 알맞은 비율로 담겨야 한다면 바로 이 영천산장 할아버지와 임박사의 우정도 정에 목마른 사람들에겐 미담의 향기가 풍겨나는 얘기다. 가는 곳마다 만나는 사람마다 이렇게 정을 나누고 뿌리고 갔으니 L박사 저 세상에 가선 그 낭만이나 휴먼이나 쓸 데가 있을까. 지금도 80년대 금남로 어디엔가에서 그의 호탕한 웃음소리와 애교 섞인 술주정 소리가 들릴 듯하다.

「섬 아이들의 수학여행」 섬에 살다보면 기차 보기도 쉽지 않다고 한다. 바다와 갈매기와 파도만 보고 사는 아이들. 그들이 가보고 싶은 곳은 육지 거기서도 번화한 도시가 아닐까. 광주항쟁의 상흔이 채 가시지 않은 1989년. 인정 많은 박사 진도군 조도읍 J분교생 전교생 16명을 인솔교사 두 분과 함께 광주수학여행을 약속한 사건. 2박 3일의 광주수학여행 숙박을 L박사 병원 안방을 숙소로 정했다. 16명쯤이야 조금 좁아도 숙박 가능하겠지 박자가 맞고 남 돕는 일이면 부창부수 합이 착착 맞는 부부. 그 성성은 빈틈없었는데, 아뿔싸, 아침저녁 대소변 화장실 사정이 여의치 않아 겪은 고난은 본문 참조를 권유할 수밖에 없다. 인정을 베풀고 싶은 그 마음은 하늘같은데 화장실이 하나이니 이 일을 어찌 할꼬? 옆집 식당의 화장실을 빌리는 둥 이 소란이라니 L박사 저승서 만난 염라대왕도 그 역량 너무 벅차 저승의 법도로도 오히려 불급이었을 것이다. 벌줄 데 찾아보아야 찾지 못한 염왕은 속도 위반 그 죽음의 집행을 수정하고 싶었을 것이다. L박사는 그렇다 치고 선량한 그분의 조강지처 박영자 시인, 새벽부터 일어나 20명분 식사준비 · 별찬 만들기 · 간식 준비하기 · 외국 국가 사절 맞기보다 더 힘든 섬마을 아이들 식사 후 KBS방송국 견학까지. 한 지역 교육계 수장 교육장이 해야 할 일을 피부과 병원장이 감당하니 인정도 병이런가. 저 세상에 가서도 베푸는 일 찾아다니는가, 새삼 그분의 안부가 가슴을 찌르르 울린다. 그러면 분수에 넘는 부군의 과도한 베풀음 때문에 신앙의 힘까지 합하여 내조의 미덕을 아끼지 않았지만 신앙고백과 다른 그의 가정생활 고백은 그 언바란스에 깜짝 놀라게 된다. 박영자 여사 2남3녀를 양육해야 되는 책임자 어머니로서 인생의 삶은 낭만 그것만은 아니었다. 결혼 후 25년 동안 같이 살면서 이사를 열다섯 번 다녔으며 남편 몰래 선물 받은 양주 두 병을 대인시장에 나가 팔아 아이들 등록금을 주기도 했다고 한다. 이는 확실히 톨스토이의 아내 소냐의 아픔 그대로다. 이 수필집은 부자만이 남을 돕는 것이 아니라 돕는 정성이 있는 사람이 자기 몫을 나누는 것임을 알 수 있을 것이다.

3.

그러나 과거는 흘러갔다. 고통이건 그리움이건 그 시간은 이미 저쪽의 세계로 부군과 함께한 25년. 그분이 남긴 명성과 5남매 아이들을 양육한 그만큼한 세월이 가버렸다. 아쉬움도 있었지만 무거운 짐을 내려놓은 것처럼 홀가분할 수도 있다. 나는 어떤 때 부군의 몫까지 합하여 아이들 이만큼 제자리 지키고 살도록 양육했으니 남은 기간은 얼마일지 모르나 자신의 것으로 권장하고 싶다. 100세 시대. 고희 지냈으니 20년 내지 30년은 남은 것이다. 남편, 아이들을 위한 과거 50년. 앞으로 남은 현재와 미래는 오롯하게 자신의 것으로 한다면 인생을 고뇌 쪽에서 만회하여 좀 더 프리하게 시와 수필을 통해 남은 여생 즐겁게 살 만한 여유가 있다 할 것이다. 과거의 고통 만회하고도 남고, 고난 속에 투자한 인생 이자까지 치러서 받아낼 행복을 기대해도 좋을 것이다. 요즈음 하는 일이 무엇이고 그 심적인 욕구가 어디로 향하고 있는가 살펴보자.

「아직도 동강에는 슬픔이」 여행을 많이 하는 것 같다. 12세에 왕위를 물려받은 소년 대왕 단종. 야심 많은 그의 숙부와 무뢰한들의 천위쿠데타(계유정난)에 왕좌와 목숨까지 빼앗긴 16세 소년왕이 귀양왔다 숨진 곳 청령포 거기 가서 『뜻으로 본 한국역사』(함석헌) 그것처럼 가장 비도덕적인 수양대군 무뢰배들에 대한 증오와 순결한 소년왕 그의 「자규제(子規啼)」, 「자규루(子規樓)」 시 감상까지 곁들여 정통 국문과 출신의 문재를 십분 발휘하고 있다.

「눈 오는 날의 초상」 '눈 오는 날 빈 가슴 스며드는 솔바람, 빛 바랜 창호지 한 장으로나마 막아주는 그런 사람 곁에 있다면' 무슨 대단한 큰 소망은 아니나 부군과 사별한 지 20여 개 성상, 아이들 다 떠나고 혼자 남은 아파트에서 무엇인가 온기가 그리운 그런 심정 아닐까. 정처없이 들길을 눈 속에 걷고 싶어 친구 S를 불러내 너릿재 무등산록 일대를 등산복 차림으로 설산행을 감행한 것이다. 혼자서도 할 수 있지만 동행이 필요했던 그에게 S는 어쩌면 창호지 역할의 대행이었으리라. 병원 경리 보던 시절에 이런 행복한 방황이나 설산행이 가능했을까. 그들이 친한 오누이처럼 연인처럼 눈쌓인 산록을 헤맨 다음 서로 마주보며 웃으며 가곡 「얼굴」을 부른다. 그 가사를 아는 사람이면 이 필자의 마음도 짐작할 수 있을 것이다.

「비망록 속의 약속」 부부가 20년 해로하면 천생연분(이규정의 공식 성은 모르겠으나 '이' 라 규정하고 임박사와의 25년 살았음을 강조하여 천생연분으로 치부하고 있다.) (참으로 욕심이 적은 분이다.) 나는 6년 후 미수(88세)가 되면 아내와 만난 지 60년이 된다. 이른바 회혼(回婚)이라 한다. 다이아몬드식혼(?) 77세까지 살기 원했다. 82세가 되니, 아내에게 우리 너무 오래 살면 아이들에게 짐 될지 모르니 우리 앞으로 6년만 더 살자 했더니, 애들이 왜 어머니 나이까지 멋대로 제한하느냐며 핀잔을 준다. 어이없는 실소감이다. 우리 내외 이런 수작에 비하면 25년밖에 못 살고도 천생연분으로 여기는 박영자 시인은 참으로 현모양처가 분명하다. 심근경색으로 안 날까지 소주방행 금남로 시찰도 잘 마친 부군이 TV 뉴스 시간에 급서를 회고한다. 생사의 갈림길이 이렇게 순간에 오는가? 참으로 거짓말 같은 눈깜짝할 사이의 죽음이었다. 부부계 모임 초대(당번) 약속을 한 수 분이 지나지 않아 초대 불가능 그 이후 그 부부계 모임 자격 상실. 그러다 요즈음 모처럼 따라간 사연이다. 부부가 모였는데 혼자서 참여한다는 것 민망하고 규정위반 아닌가. 17년 만에 부부계의 모임을 우리 집에서, 그분은 갔어도 나혼자라도 해야 하지 않을까?(그 성사 실천 여부는 알 수 없다.)

「K박사의 미소」 장학금을 지급받아 대학을 마치고 교사 노릇을 하는 분(아마 필자가 알기로 이런 사람은 수없이 많다. 나도 몇 명 소개해 준 기억을 가지고 있다.) 그러나 베푸는 기쁨과 똑같이 감사하는 기쁨이나 예의도 소중할 것이다. 문전성시를 이룰 것 같아도 꼭 그렇지는 않다. 오늘날까지도 그 감사의 뜻을 아는 K선생에 대한 회고담으로 부군과의 25년이 남겨 준 휴머니즘의 결과물일 것이다.(본시 베푸는 사람은 결코 보답을 원치 않는다.)

「깃대봉에서 새벽을 여는 사람들」 조선대 뒷산 깃대봉.(무등산록) 거기에서는 새벽 5시에 모이는 사람들이 건강 체조를 하면서 건강한 하루를 시작한다. 박영자 여사 요즈음 거기에도 참석. 부군 곁만 지키던 좁은 인생 이웃들과 넓게 소통하며 살기에 거기에 오르는 시간은 걱정도 근심도 다 날아가 버린다 술회하고 있다. 남편이 비운 자리에 이웃과 무등산이 들어와 동반자로 채워진 것이다.

「4부-가족이란 이름으로」 성혼시켜 병원 차려 나간 아이들에게 주는 편지 그들의 성장기들이 들어 있다. 막내 피부과 전문의. 필자도 박영자 시인의 친절과 서비스 안내로 순천 그 막내 병원에 가서 얼굴을 다듬고 온 적이 있다. 아버지의 몫까지 인술을 베풀도록 순례하는 그의 모성애는 본능 쪽보다는 부군의 유업 봉사에다 포인트를 맞추는 것 잊지 않는 듯이 보인다.

「미련을 버리지 못하고」 독감을 앓고 난 후 후각의 기능이 떨어졌다. 건망증은 치매의 예고이고 후각 상실은 주방에 설 자격 상실이니 음식 솜씨 자랑은 끝인 셈이다. 그래도 반찬 사서 먹거나 며느리들에게 전달 명령 내리소서. 걱정 마시고 차곡차곡 100세 고지까지 쌓으소서.

「짓밟힌 농심」 깃대봉 오르내리는 공터에 들꽃 삼아 들깨를 뿌려 무성히 잘 자라 그것을 채취해 밑반찬 만들려 잘 가꾸었는데… 수확하러 갔더니 망가뜨려 그 잎을 먹을 수 없게 만들어 버렸다.(어떤 놀부의 짓일까? 혹여 국립공원 미관 망친다 정화작업?) (농산물 어류양식장 도둑도 있지만 들깻잎 도둑은 아니고…?)

「6부- 해외여행」 밑천이 많이 드는 해외여행. 여기엔 미국 · 호주 · 러시아 등 외국 여행의 진수를 모아놓은 수필 10여 편을 게재했다.

「7부-이름과 아호」 자신의 이름이 지닌 운세, 아호 해설 등이 실려 있다.

4.

수필은 가장 쉽다는 점에서 누구나 쓸 수 있는 글이지만 좋은 수필 쓰기는 어렵다고 한다. 중년의 글이라고도 하는 이 글은 인생체험이나 경륜이 쌓여야 한다는 얘기가 되겠다. 잘못 쓰면 한낱 잡문에 불과하고 잘 쓰면 시와 같이 아름다운 글이다. 첫 시집 『아름다운 인연』의 보완 작용도 하고 있어, 고인이 된 임춘평 박사와의 25년 결혼생활의 애환과 일화가 있어 주목을 끈다. 글재, 시재 능하여 국문학과 시절의 숨은 문학적 정열이 다양한 제재를 맛깔나는 요리처럼 척척 밥상을 차려놓는다. 어떤 책은 누워서 읽다가 잠이 들고 읽다가 동댕이치기도 하고 욕을 하는 경우도 있다는데, 이 책은 누워서 읽다가 벌떡 일어나 이 분이 누군가 궁금해지고 제1시집 구할 수 없느냐 문의가 일지도 모른다.

박영자 여사는 조선대 국문학과 후배이고 임춘평 박사 생존시 형제와 같이 지냈으니 남이 아니다. 시집만 보고는 그분의 능력을 측정하지 못했는데 금번 수필을 읽으면서 시 지도할 때 간혹 이것저것 간섭한 것 민망하게 생각한다. 바이올리니스트 딸(대학교수) 어머니 곁에 함께 있어 만년의 건강과 외로움을 지켜주니 효녀 중의 효녀가 분명하나 어머니 허락 없어도 좋은 신랑감 골라 연애라도 하라 권장하고 싶다. 집안 경사가 있으면 어머니도 좋아하시니 슈베르트의 세레나데 바이올린 독주로 연주할 좋은 자리 있길 소망해 본다. 5남매 거기에 사위까지 합하여 손녀손주 잘 키우고 효도는 다투어도 흉 되지 않으니 어머니의 빈 가슴자리 채워주기 바란다.

2015년 6월 27일

서은문학연구소에서

서은 문병란 삼가 씀.

순백의 향기

찍은날 2015년 11월 15일
편낸날 2015년 11월 20일
지은이 박영자
펴낸이 박몽구
펴낸곳 도서출판 시와문화
주 소 (13955) 경기 안양시 동안구 경수대로 883번길 33,
103동 204호(비산동 꿈에그린아파트)
전 화 (031)452-4992
E-mail poetpak@naver.com
등록번호 제2007-000005호 (2007년 2월 13일)

ISBN 978-89-94833-14-9(03810)

정 가 12,000원